「구미의 역사문화인물」 시리즈는 〈사단법인 여헌학연구회〉가 구미시의 지원을 받아 출간하는 총서입니다.

구미의 역사문화인물 ③
경은 이맹전, 눈멀고 귀먹은 척 살다 간 생육신

기획 ‖ 사단법인 여헌학연구회
지은이 ‖ 김기주
펴낸이 ‖ 오정혜
펴낸곳 ‖ 예문서원

편집 ‖ 유미희
디자인 ‖ 김세연
인쇄 및 제본 ‖ 주) 상지사 P&B

초판 1쇄 ‖ 2016년 12월 26일

주소 ‖ 서울시 성북구 안암로 9길 13
출판등록 ‖ 1993년 1월 7일 (제307-2010-51호)
전화 ‖ 02-925-5913~4 / 팩스 ‖ 02-929-2285
Homepage ‖ http://www.yemoon.com
E-mail ‖ yemoonsw@empas.com

ISBN 978-89-7646-362-3   03900

© 金基柱 2016 Printed in Seoul, Korea

YEMOONSEOWON 13, Anam-ro 9-gil, Seongbuk-Gu Seoul KOREA 136-074
Tel) 02-925-5913~4, Fax) 02-929-2285

값 17,000원

구미의 역사문화인물 ③

경은 이맹전, 눈멀고 귀먹은 척 살다 간 생육신

경은 이맹전, 눈멀고 귀먹은 척 살다 간 생육신

김기주 지음

예문서원

'구미의 新문화르네상스'의
밑거름이 되길 기대하며

경상북도 서남부에 위치한 구미시龜尾市는 일반 시민들에게 한국 근대화의 중심 도시이자 첨단 IT산업도시로 알려져 있습니다. 하지만 근대화 이전인 전통 시대의 구미시는 신라 불교의 초전지로서 한국 불교문화佛敎文化의 융성을 이끈 중심지였을 뿐만 아니라 고려와 조선시대를 거치면서 한국 유학의 중심으로서 수많은 유현儒賢들을 배출한 유서 깊은 영남 문화의 중심지였습니다. 그래서 『택리지擇里志』의 저자 이중환李重煥은 "전해 오는 말에 '조선 인재의 반은 영남에 있고, 영남 인재의 반은 일선一善, 즉 구미에 있다'고 한다"며 구미지역이 영남을 넘어 우리나라 인재의 부고府庫이자 정신문화精神文化의 산실임을 확인하였습니다.

전통은 오래된 미래라고 합니다. 과거 우리 선조들이 이룩한 문화 전통은 오늘의 우리를 만든 밑거름이자 새로운 미래를 기약하는 비전입니다. 따라서 21세기 세계 속의 명품도시로 거듭나기 위해 구미시가 추진하고 있는 '위대한 구미, 찬란한 구미'를 열어가기 위한 도전은 그 어떤 것에 앞서 우리 지역의 역사문화 전통에 기반하여야 할 것입니다. 이러한 측면에서 두 번째로 발간되는 이번 「구미의 역사문화인물」 시리즈는 구미시의 역사문화 전통을 재삼 확인하고, 나아가 미래첨단도시이자 역사문화도시로서 구미의 위상을 확립하는 하나의 계기가 될 것이라 생각합니다.

특히 구미지역의 찬란한 문화전통을 수립한 수많은 선조들의 삶과 업적을 현대적 시각에서 재조명하는 이 시리즈는 역사문화도시로서 구미시의 위상을 확립하는 밑거름이 될 것입니다. 그리고 영남을 넘어 우리나라 전체에서 손꼽히는 역사문화도시임에도 불구하고 그동안 산업화의 도시로만 알려져 우리 지역의 역사성이 퇴색되었던 것을 오늘에 되살리고, 새로운 구미시의 미래를 개척하는 소중한 자산으로 이 시리즈가 기여할 것이라 믿어 의심치 않습니다.

이 「구미의 역사문화인물」 시리즈는 본궤도에 오른 지방자치시대를 맞아 42만 구미 시민에게 지역에 대한 자부심과 자긍심을 높이고, 나아가 구미시민으로서의 정체성을 확립하는 하나의 계기가 되어야 할 것입니다. 특히 자라나는 구미지역의 청소년에게 지역의 소중한 문화전통을 올바로 가르치고, 문화적 유산은 물론 윤리적 전통을 계승하게 하여 참다운 지역 시민으로 성장하는 밑거름이 되어야 할 것입니다.

「구미의 역사문화인물」 시리즈는 지난 2003년, 한국 유학의
중심 맥락에 위치하는 '여헌학' 의 진흥과 '여헌학' 을 포함한 한
국학의 지속적인 성장을 도모하기 위해 출범한 〈사단법인 여헌
학연구회〉가 기획하여 시작하였습니다. 일찍부터 지역의 문화
적 전통에 관심을 기울여 온 〈사단법인 여헌학연구회〉는 여헌
선생의 학문적 업적에 대한 현양에만 한정하지 않고, 구미지역의
여러 유현 및 선조들의 업적을 발굴하여 선양하는 데 관심을 가
지고 있습니다.

　　〈사단법인 여헌학연구회〉는 이러한 관심을 현실화하는 「구
미의 역사문화인물」 시리즈의 두 번째 결실인 경은耕隱 이맹전李
孟專 선생과 단계丹溪 하위지河緯地 선생에 대한 평전 형식의 단행
본을 통해 선산善山과 인동仁同을 포함하는 구미지역에서 배출한
의미 있는 인물의 행적과 업적이 객관적이면서도 의미 있게 드러
나길 기대하고 있습니다. 그리고 이 시리즈를 통해 과거 찬란했
던 구미시의 역사문화가 더욱 빛을 발하고, 온전한 평가를 받을
수 있길 희망하고 있습니다. 그리하여 과거와 현재, 그리고 미래
가 공존하는 지방자치의 전형으로서 구미시의 위상이 제대로 갖
추어지길 기대하고 있습니다.

　　이러한 기대와 바람을 현실화시키기 위한 우리의 노력이 결
실을 맺게 된 데에는 경상북도 구미시의 아낌없는 지원이 큰 힘
이 되었습니다. 구미지역의 전통문화자원의 개발에 관심이 많은

남유진 구미시장님의 아낌없는 관심과 지원, 그리고 구미시의 행·재정적 지원이 어우러져 이번 시리즈가 결실을 맺게 된 것입니다. 지면을 빌려 남유진 시장님과 구미시 관계자 여러분께 감사의 인사를 전합니다. 아울러 「구미의 역사문화인물」 시리즈를 기획하고 편찬을 주도하고 있는 〈사단법인 여헌학연구회〉 임원진과 직접 집필을 맡아 수고를 아끼지 않으신 교수님께도 회원들의 정성을 담아 감사를 드립니다.

이 시리즈를 비롯하여 〈사단법인 여헌학연구회〉에서 추진하는 오늘의 작은 노력이 향후 위대한 성취로 이어지길 기원합니다. 그리고 이 시리즈를 비롯하여 〈사단법인 여헌학연구회〉의 사업들이 '구미의 문화르네상스'를 열어 가는 밑거름이 되길 기대합니다. 감사합니다.

2016. 12.
사단법인 여헌학연구회 이사장
교육학 박사 장이권

지역발전을 선도할
'구미학' 수립을 기대하며

　　영남嶺南의 중심 도시이자 한국 산업화의 메카로 손꼽히는 우리 구미시龜尾市는 자연自然과 인간人間, 전통傳統과 미래未來가 어우러진 '풍요豊饒의 땅'으로 알려져 왔습니다. 영남 팔경八景의 하나이자 수많은 전설을 품고 있는 금오산金烏山을 위시하여 천생산天生山과 태조산太祖山 등이 병풍처럼 도시를 감싸 안고, 도심都心을 관류하는 영남의 젖줄 낙동강洛東江이 드넓게 펼쳐진 들판에 풍요로움을 더하는 구미의 자연환경은 일찍부터 우리 고장을 사람 살기 좋은 고장으로 만드는 밑거름이 되었습니다.

　　천혜의 자연환경을 밑거름으로 우리 고장 출신의 선조들은 일찍부터 지역의 정체성 수립은 물론이거니와 우리나라 문화와 역사 발전을 위해 뚜렷한 성취를 이루어 냈습니다. 특히 유교문화를 비롯하여 다양한 방면에서 이루어진 지역 내 선조들의 성취는 우리 지역이 영남문화의 중심지, 나아가 정신문화의 메카로 자리 잡는 데 크게 기여하였습니다.

　이러한 우리 지역의 자랑스러운 역사와 문화 전통은 20세기 중반 이후 본격화하는 한국의 근대화 과정에서 우리 지역이 산업화의 메카로 발돋움하는 데 밑거름이 되었다고 하겠습니다. 그리고 세계화시대가 본격화하고 무한경쟁시대에 접어든 오늘날에도 우리 지역의 역사문화 전통은 경쟁력 있는 우리 지역의 새로운 미래를 창조하는 기반으로서 그 역할을 다할 것이라 믿어 의심치 않습니다.

　우리 구미의 자랑스러운 역사와 문화 전통에 대한 지역민의 관심은 그동안 간헐적으로 제기되어 왔습니다. 1990년대 이후 본격화한 지방자치가 보다 성숙되면서 지역민의 지역에 대한 관심은 더욱 확대되고 있으며, 이러한 과정에서 특히 우리 지역의 역사와 문화 전통에 대한 관심은 더욱 확장되고 있습니다. 하지만 우리 지역의 역사적 전통에 대한 지역민의 관심이 증가하고 있지만, 그 관심을 체계적으로 수용하는 데에는 일정 정도 한계점을 보여 왔던 것이 저간의 사정이기도 합니다. 물론 지역의 역사적 전통을 정리하고 체계화하려는 시도가 없었던 것은 아니지만, 타 지역을 뛰어넘는 구체적이면서도 뚜렷한 성취는 이루어내지 못한 것도 또한 사실입니다.

　이러한 그간의 사정에 비추어 〈사단법인 여헌학연구회〉가 미약하지만 구미시의 지원을 받아 「구미의 역사문화인물」 시리즈를 본격적으로 발간하기 시작한 것은 특기할 만한 성취의 첫 걸음이라 평가할 수 있을 것입니다. 더구나 구미시의 제안이 아니라 〈사단법인 여헌학연구회〉가 자발적으로 지역의 역사적 전통에 관심을 두고 지역 문화 및 지역의 정체성을 확립하기 위해 여러 사업을 본격화하였다는 사실은 향후 시의 지속적인 행정적 재정적 지원만 이루어진다면 지역학으로서 '구미학龜尾學'의 정립에 크게 기여할 수 있을 것으로 기대된다는 점에서 더욱 주목된다고 하겠습니다.

그동안 구체적으로 밝히지는 못하였지만, 구미시의 운영을 책임지는 자리에 있으면서 본인은 여러 가지 주요 사안들을 추진하면서 미처 관심을 쏟지 못하였던 '구미학'의 구체화에 관심을 가지고 있습니다. '구미학'은 선산과 인동을 포함하는 우리 지역의 뿌리와 특성을 찾아내어 우리 지역의 정체성을 정립하고, 이를 지역민이 공유하며, 구미지역의 지속적인 발전의 기반으로 삼는 유무형의 자산을 체계화하는 것입니다. 1993년 서울지역에서 '서울학'의 정립을 본격적으로 시작한 이래, 크고 작은 지방자치단체가 해당 지역을 대상으로 하는 지역학 정립에 힘을 쏟고 있습니다. 우리 구미도 지방자치의 성숙에 발맞추어 지역민의 통합과 지역 발전의 밑거름으로서 '구미학'의 구체화가 필요하며, 이러한 점에서 〈사단법인 여헌학연구회〉가 기획한 「구미의 역사문화인물」 시리즈 발간은 그 의미가 작지 않다고 할 것입니다.

우리 구미시는 대한민국의 미래 성장 동력으로 기능할 첨단 산업단지와 더불어 날로 발전하는 정주여건을 바탕으로 머지않은 장래에 '인구 50만 시대'를 기대하고 있습니다. 더불어 세계 속의 명품도시 구미를 만들기 위한 '구미 르네상스시대' 개척에도 시민과 더불어 심혈을 기울이고 있습니다. 이러한 구미시의 위대한 도정道程에 〈사단법인 여헌학연구회〉가 발간을 주도한 「구미의 역사문화인물」 시리즈는 시 발전의 또 다른 밑거름이 될 것입니다. 지면을 빌려 장이권 이사장님을 비롯한 관계자 여러분의 노고에 깊이 감사드리며, 앞으로도 이 시리즈가 더욱 발전할 수 있도록 행·재정적 지원을 아끼지 않을 것을 약속드립니다. 아울러 여러 가지로 바쁜 가운데에도 집필을 맡아주신 필진 교수님들께도 감사의 인사를 전합니다.

꿈과 비전, 그리고 무한한 가능성을 바탕으로 21세기를 선도하는 세계 속의 명품도시 구미시에 보내 주신 성원에 감사드리며, 이 시리즈가 더욱 번성하길 기원합니다. 감사합니다.

2016. 12.
구미시장
남유진

　　사람이 수행하는 대부분의 활동과 마찬가지로, 책읽기 역시
삶의 변화를 목표로 한다. 새로운 지식의 습득을 통해 생각을 바
꾸든지, 행동을 변화시키든지, 아니면 세상을 바라보고 또 그것
을 대하는 태도를 변화시키는 것, 그래서 결국 삶을 변화시키는
것을 말한다. 이것이 근원적이고 기본적인 책읽기의 목표라는
점은 누구나 수긍할 수 있을 것이다. 물론 우리의 삶을 어떤 모습
으로 변화시키거나, 변화하도록 할 것인지와 같은 변화의 내용이
나 방향은 당연히 책을 읽는 사람마다 다를 수 있다.

　　책읽기가 우리 삶을 변화시킬 수 있다는 생각은, '앎'이나
'지식' 속에 변화의 힘이 내재해 있다는 믿음을 전제로 한다. 알

면, 그것도 제대로 알면 사람은 바뀔 수 있다는 생각이다. 맞는 말이다. 하지만 '앎'보다 더 극적으로 사람을 변화시키는 것도 있다. 공자의 말에 따르면, 그것도 하나가 아니라 둘이나 된다. 공자는 그의 어록인 『논어』에서 "아는 사람은 좋아하는 사람만 못하고, 좋아하는 사람은 즐기는 사람만 못하다"(『論語』, 「雍也」, "知之者不如好之者, 好之者不如樂之者.")라고 말한다.

　여기에서 공자는 '아는 사람', '좋아하는 사람', '즐기는 사람'을 구분한다. 이것은 곧 '알기'와 '좋아하기', '즐기기'를 구분하는 것이기도 하다. 이 구절에 대해 여러 해석이 가능하겠지만, 공자가 말하고자 하는 것 역시 '삶의 변화'라고 이해할 수도 있을 것이다. 어떤 것에 대한 '앎', 그 '아는 것'은 분명 우리 삶을 변화하도록 만들 수 있다. 하지만 그것보다는 어떤 것을 좋아할 때, 그 '좋아하는 것'이 우리를 더욱 쉽게 변화하도록 만든다고 공자는 말한다. 누군가 혹은 무엇인가를 좋아할 때 많은 것이 변화한다는 것에 대해, 누군가 혹은 무엇인가를 좋아해 본 사람이라면 누구나 고개를 끄덕일 것이다. 그런데 공자는 여기서 그치지 않고 어떤 일을 좋아하는 것을 지나 그것을 즐길 수 있을 때, 더 큰 변화를 맛볼 수 있다고 말한다.

　그런데 이런 구도에서 보자면, 마치 '알기'와 '좋아하기'를 거치지 않고 곧바로 '즐기기'로 간다면 모든 것이 쉽게 변화될 것처럼 보이기도 한다. 하지만 '즐기기'는 그냥 얻어지는 것일 수 없다. 그것은 또 반드시 '알기' 와 '좋아하기' 를 거쳐야만 얻어지는 것이기도 하다. 알아야만 좋아할 수 있고, 좋아할 수 있을 때 진정 즐길 수 있다는 말이다. 이것은 이맹전을 주제로 한 이 책에도 적용된다.

이 책은 이맹전의 삶에 대해 서술하고 있다. 이맹전의 삶에 대해 이해하고 알기 위해서이다. 왜 이맹전의 삶에 대해 이해하고 알고자 하는가 묻는다면, 그 답은 결국 앞에서 말한 '변화' 에 있다. 이맹전의 삶에 대해 이해하고 그가 어떤 사람인지 알게 된다면, 그 '앎' 이 우리의 삶을 변화시킬 수 있을 것이라 믿기 때문이다. 그를 알게 되니 그를 좋아하게 되고, 그것을 넘어 그 삶의 지향이나 태도가 가진 의미와 가치를 즐길 수 있게 된다면, 우리의 삶도 역시 더 큰 변화를 맞을 수 있을 것이라 기대하기 때문이다. 그래서 이 책은 이맹전을 아는 것, 이맹전을 좋아하는 것, 그리고 결국에는 이맹전을 즐기는 것을 목표로 한다. 또 이 책은 나와 우리의 삶이 나아가야 할 바람직한 방향의 변화도 바로 여기에서 찾을 수 있을 것이라는 희망에 뿌리를 내리고 있다.

이맹전의 삶과 관련된 정보나 자료는 매우 제한적이다. 그의 무덤 앞에 세워져 있는 아무런 글자도 새겨져 있지 않은 비갈이 의도하듯, 그는 삶의 흔적을 거의 남기지 않았다. 그의 삶에 관한 기록들 대부분은 그가 죽은 뒤 150년이라는 긴 시간이 흐른 뒤에야 정리되기 시작했다. 그렇게 정리된 내용은 단편적이고,

대부분은 중복된다. 하지만 이렇게 전해지는 기록의 조각들을 통해서도 그의 삶이 얼마나 일관된 모습이었는지를 우리는 확인할 수 있다. 김종직은 『이준록彝尊錄』에서 "겉과 속에 어떤 잘못도 없었고, 물건을 가지고 사람과 다투는 일이 없었다"라는 말로 그를 평가한다. 한 사람의 삶에서 또 무엇이 더 필요할까? 겉 희고 속 검은 것이 이 세상 사람 살아가는 모습이라면, 그는 이미 그 밖에 서 있었다. 이 책을 읽는 사람마다 이맹전을 만나 그를 알게 되고, 좋아하게 되고, 또 그가 살다간 삶을 즐길 수 있기를 희망해 본다.

2016년 8월 어느 날 끝나가는 여름방학을 아쉬워하며
보현산普賢山 자락 별서別墅에서 지은이가 쓰다

차례

제1장 이맹전의 생애와 그 기록들

1. 이맹전의 생애를 기록한 문헌들

　　언급한 것처럼, 이맹전의 삶에 대한 정보는 제한적이고, 그
정보를 담고 있는 문헌의 종류와 내용 역시 매우 한정되어 있다.
그 문헌들 가운데 비교적 상세하거나 구체적인 정보를 담고 있는
것을 정리해 보면, 대체로 다음과 같은 9종을 주목할 수 있다.

　　① 인재訒齋 최현崔晛(1563~1640)의 「경은선생사적발耕隱先生

　　　史蹟跋」(『訒齋先生文集』)

　　② 최현의 「삼인사적三仁事蹟」 중 「경은선생耕隱先生」 부분

　　　(『訒齋先生文集拾遺』)

　　③ 창석蒼石 이준李埈(1560~1635)이 최현과 함께 편찬한 『일선

지一善志』의 「이맹전전李孟專傳」

④ 우암尤庵 송시열宋時烈(1607~1689)의 「선산삼인록서善山三
仁錄序」(『宋子大全』)

⑤ 남창南窓 정제鄭梯(1689~1765)의 「용계사기문龍溪祠記文」
(『南窓集』)

⑥ 후암厚菴 권렴權濂(1701~1781)의 「경은이선생행략耕隱李先
生行略」(『厚庵集』)

⑦ 대산大山 이상정李象靖(1711~1781)의 「경은이선생묘갈명耕
隱李先生墓碣銘」(『大山先生文集』)

⑧ 쌍계雙溪 이복원李福源(1719~1792)의 「경은이공시장耕隱李
公諡狀」(『雙溪遺稿』)

⑨ 간옹艮翁 이헌경李獻慶(1719~1791)의 「경은이선생유사서耕
隱李先生遺事序」(『艮翁先生文集』)

　　물론 이들 문헌들보다 앞서 김종직이 쓴 『이준록彛尊錄』이나
『동국여지승람』 등과 같은 비교적 초기의 문헌에서도 이맹전을
언급하고 있다. 하지만 그 내용은 단편적일 뿐이고, 더 오래되었
다고 더 많은 정보를 담고 있는 것도 아니다. 그리고 이들 문헌과
비슷한 시기에 정리된 몇몇 문헌에 이맹전의 행적이 기록되어 있
지만, 대부분 중복되거나 짧게 요약되어 상세하지 않은 내용일 뿐
이다. 이렇게 보자면 이맹전의 생애와 관련된 정보나 자료는 이 9

종의 문헌이 중심이 된다고 해도 크게 잘못되지는 않을 것이다.

그런데 이 문헌들이 등장하는 과정도 사실은 상당히 흥미롭다. 우선 주목되는 것은 이 문헌들 가운데 가장 먼저 등장한 것이 최현의 글이고, 그의 모친이 이맹전의 증손녀였다는 점이다. 그리고 바로 이 점에서 그가 특별히 이맹전에 대해 관심을 가지게 된 까닭을 짐작하게 된다. 그런데 이준이 최현과 함께 『일선지』를 1630년을 전후해서 편찬한 사실에서 보자면, 이 시기를 전후해 『경은선생사적』과 함께 최현의 「경은선생사적발」이나 「삼인사적」 역시 완성되었을 것이라 짐작된다.

그리고 이러한 예상이 사실로부터 크게 벗어난 것이 아니라면, 이맹전의 생애 관련 정보를 담고 있는 앞에서 열거한 문헌 가운데 가장 먼저 등장한 최현의 글조차 이맹전이 사망한 뒤 150년이라는 긴 시간이 지난 뒤에야 비로소 정리되었음을 알 수 있다. 그리고 이렇게 오랜 세월이 흐르고 나자, 최현 본인이 토로하고 있듯, 이맹전에 관한 정보는 대부분 사라지거나, 이미 수집할 수 없을 만큼 사람들에게 잊혀 있었던 것이다. 그렇다면 이맹전은 왜 이토록 오랫동안 잊혀 있다가 다시 주목받게 된 것일까? 이것은 다음과 같은 몇 가지 문헌의 내용을 살펴보는 것에서 답을 찾아볼 수 있을 것 같다.

단순한 내용이지만 이맹전에 대한 가장 오래된 기록인 『이준록』과 『동국여지승람』의 내용부터 살펴보자. 먼저 『이준록』의

「선공사우 제삼先公師友 第三」, 곧 김종직의 부친 김숙자의 벗에 대해 서술하고 있는 곳에서 이맹전을 이렇게 소개하고 있다.

> 이맹전은 대대로 선산에서 살았다. 관직이 여러 번 승진하며 사간원정언, 지제교, 소격서령을 역임하였다. 중년에 벼슬하기를 즐기지 않고 향리에 물러나 지냈다. 겉과 속에 어떤 잘못도 없었고, 물건을 가지고 사람과 다투는 일이 없었다. 올해 90세이고, 부인인 김씨도 또한 86세로, 모두 병이 없다.

이맹전에 대한 몇 가지 중요한 정보를 담고 있는 것은 분명하지만, 여기서 우리는 이맹전의 삶이 보여 준 가장 중요한 특징, 곧 그의 절의나 눈멀고 귀먹은 것을 핑계한 내용에 대해서는 아예 언급조차 하지 않았다는 점을 확인할 수 있다. 이것은 『동국여지승람』 역시 마찬가지이다. 『동국여지승람』에는 한 줄로 다음과 같이 기록되어 있을 뿐이다.

> 이맹전은 성품이 조용하며 물러남을 좋아하였다. 예전에 정언의 관직에 있었는데, 망장리에 물러나 살았고, 나이가 90세에 이르렀다.

여기에서도 그의 절의나 병을 핑계한 어떤 내용도 언급하지 않는다. 이 두 종류의 문헌 기록은 이맹전이 생존하였거나 사망하였더라도 오래지 않은 시기에 작성되었다. 『동국여지승람』이 완성된 것이 1481년, 곧 이맹전이 사망한 그 이듬해이기 때문이다. 그리고 『이준록』의 경우에도 비록 책이 출간된 것은 1497년 (광해군 2)이지만, 글의 내용에서 보자면 이맹전이 사망하기 직전에 작성된 것으로 여겨진다. 그런데 여기에서 최소한 이 시기에는 이맹전이 아직 절의를 지킨 인물로 사람들에게 알려져 있거나 또 그렇게 인식되지는 않았다는 점만큼은 분명하게 확인할 수 있다. 이처럼 초기의 문헌에서 그려지고 있는 이맹전의 모습은 훗날 우리가 생각하는 모습과 일정한 거리가 있다. 그 이유는 충분히 짐작되지만, 『퇴계언행록退溪言行錄』에 실린 다음과 같은 퇴계退溪 이황李滉(1501~1570)의 말은 시사해 주는 바가 크다.

> 박운이 요약해 기록해 둔 최초의 선산 명현인 농암 김주 선생
> 과 경은 이맹전 선생의 행적을 『해동명현록』에 편입해도 되는
> 지를 편지로 퇴계 이황에게 물었다. 그 회신의 내용은 "두 선
> 생의 행적은 신중하게 헤아려 봐야 할 곳이 있는데, 급하게 드
> 러내어 옛사람이 걱정하고 염려한 이치를 범해서는 안 될 것
> 입니다"라고 하였다.

용암龍巖 박운朴雲(1493~1562)은 송당松堂 박영朴英(1471~1540)의

문인이면서, 이황과 편지로 교류한 인물이다. 그는 『해동명현록海東名賢錄』을 집필하는 과정에서 농암籠巖 김주金澍(생몰년 미상)와 이맹전을 수록해도 되는지를 두고 이황에게 의견을 구했고, 이황은 아직 성급하게 수록하기보다는 때를 기다리기를 제안하고 있다. 이와 같은 이황의 제안은 받아들여진 것으로 보인다. 그리고 이때 문제가 된 『해동명현록』 역시 박운에 의해 완성되지 않고, 그의 증손자인 와유당臥遊堂 박진경朴晉慶(1581~1665)에 의해 완성되어 출간되었다. 최현의 「경은선생사적발」에서도 이 상황과 관련된 내용을 다음과 같이 기록하고 있다.

> 내가 박수일을 만난 지는 오래되었는데, 늘 두 선생이 행한 출처의 의리를 말할 때는 그의 선조 용암(이름 雲)선생이 기록한 것을 보여 주었다. 용암선생은 그리 오래되지 않은 사람으로 보고 들은 것에서 얻을 수 있는 것이 자못 상세했는데, 그 자취가 사라져 전하는 것이 없을까 두려워 그 사적을 기록했던 것이다. 용암선생이 『해동명현록』을 찬술하면서, 두 현인을 함께 기록하는 일로 퇴계선생께 편지를 보냈는데, 선생이 답하기를 "두 선생의 행적은 아마도 신중히 헤아려 봐야 할 것이 있는데, 급하게 드러내어 옛사람이 걱정하고 염려한 이치를 범해서는 안 될 것입니다"라고 하였다. 그래서 『명현록』을 찬술할 수 없었지만, 한 편의 기록으로 그 후인에게 남긴 것이 어

떻게 의미가 없겠는가?

최현이 언급하고 있는 건재健齋 박수일朴遂一(1553~1597)은 박
운의 손자이자, 박운의 맏아들인 박호朴灝의 아들이다. 동시에 그
는『해동명현록』을 출간한 박진경의 아버지이기도 하다. 박운이
정리하기 시작한『해동명현록』은 결국 박호와 박수일을 거쳐 4
대째인 박진경에 이르러서야 비로소 완성되어 출간되었던 것이
다. 그리고 그 과정에서 박운이 정리한 자료는 박수일을 통해 최
현이 참고하였고, 이맹전과 관련된 몇 편의 글을 작성하는 데 중
요한 토대가 되었던 것으로 이해된다.

그런데 이황은 왜『해동명현록』에 김주와 이맹전을 수록하
는 것에 대해 부정적인 의견을 제시했을까? 그것은 이 문제가 무
엇보다도 군왕의 정통성과 연결되어 있고, 연산군 이래 발생한 4
대 사화[1]의 비극을 목도한 이황에게 있어서는 자칫 새로운 피바
람을 불러올 수 있는 예민한 문제로 받아들여졌을 것이라고 생각

---

1) 4대 사화: 조선 중기 연산군 때부터 명종 때까지 네 차례에 걸쳐 훈구파에 의해
   사림파가 피해를 입은 사건으로, 1498년(연산군 4)의 戊午士禍, 1504년(연산
   군 10)의 甲子士禍, 1519년(중종 14)의 己卯士禍, 1545년(명종 즉위년)의 乙巳
   士禍를 가리킨다. 이 네 차례의 사화는 훈구파와 성종 때에 중앙정계로 진출
   했던 사림파, 그리고 왕권이라는 삼각구도가 만든 비극적인 사건으로 이해할
   수 있다.

된다. 세조는 계유정난을 통해 왕위를 찬탈한 인물이고, 이맹전은 이러한 세조의 조정에서 벼슬하지 않고 절의를 지킨 인물이다. 그리고 세조의 둘째 아들로 그의 뒤를 이은 조선의 제8대 왕 예종(재위 1468~1469)이나, 세조의 손자로 13세의 어린 나이에 왕위에 오른 성종(재위 1469~1494)의 경우, 이맹전의 행동에 대해 결코 긍정적인 평가를 할 수 있는 입장이 아니었다. 이맹전에 대한 긍정적인 평가는 곧 그들 부친 혹은 조부에 대한 부정적인 평가를 함축하기 때문이다. 이런 까닭에 최소한 16세기까지 이맹전에 대한 평가는 신중하게 진행될 수밖에 없었고, 4대 사화기를 살다 간 이황의 경우에는 더욱 그것이 문제가 될 수 있다는 것을 감지하고 있었던 것이다.

이러한 사실은 사육신에 대한 선조宣祖(재위 1567~1608)의 다음과 같은 평가에서도 확인된다.

임금께서 경연관이 아뢴 바에 따라 남효온南孝溫이 지은 『육신전六臣傳』을 가져다 보고 나서 삼공을 불러 전교하기를, "이제 이른바 『육신전』을 보니 매우 놀랍다. 내가 처음에는 이와 같을 줄은 생각지도 못하고 아랫사람이 잘못한 것이려니 여겼었는데, 직접 그 글을 보니 춥지 않은데도 떨린다.

지난날 우리 세조(光廟)께서 천명을 받아 중흥中興하신 것은 진실로 인력人力으로 할 수 있는 것이 아니었는데, 저 남효온이란 자는 어떤 자이기에 감히 문묵文墨을 희롱하여 국가의 일을 드러내어 기록하였단 말인가? 이는 바로 아조我朝의 죄인이다. 옛날에 최호崔浩는 나라의 일을 드러내어 기록했다는 것으로 주형誅刑을 당하였으니, 이 사람이 살아 있다면 내가 끝까지 추국하여 죄를 다스릴 것이다. 기록된 내용 가운데 노산군魯山君에 대해 언급하면서 신유년에 출생하여 계유년까지 그의 나이가 13세인데도 16세로 기록하였으며, 세조께서 임신년에 사은사謝恩使로 중국에 갔었는데 여기에는 부음訃音을 가지고 중국에 갔다고 기록하였다. 또 하위지河緯地가 계유년에 조복朝服을 벗고 선산善山으로 물러가 있었는데 세조께서 즉위하여 교서敎書로 불렀기 때문에 왔다고 하였다. 하위지가 갑술년에 집현전集賢殿에서 글을 올린 것은 무엇인가? 이와 같은 것이 한둘이 아니다. 그 왜곡되고 허구적인 것은 진실로 믿을 만한 가치가 없는 것이지만, 가슴 아픈 것은 뒷사람들이 어떻게 그 일의 전말顚末을 자세히 알 수 있겠는가 하는 점이다. 한 번 그 글을 보고 곧 구실口實로 삼는다면, 이 글은 사람의 심술心術을 해치기에 적당한 것이 될 것이다.

또 한 가지 논할 것이 있다. 저 육신六臣이 충신인가? 충신이라면 어째서 왕위를 양위하고 받은 날 죽지 않았으며, 또 어째서 신발을 신고 떠나가 서산西山에서 고사리를 캐먹지 않았단 말인가? 이미 몸을 맡겨 임금으로 섬기고 또 시해弒害하려고 했으니 이것은 예양豫讓이 매우 부끄럽게 여긴 것이다. 그런데도 저 육신은 무릎을 꿇고 아조를 섬기다가 필부匹夫의 꾀를 도모하여 자객刺客의 술책을 부림으로써 만에 하나 요행을 바랐고, 그 일이 실패한 뒤에는 이에 의사義士로 자처하였으니, 마음과 행동이 어긋난 것이라고 할 만하다. 그런데 열장부烈丈夫라고 할 수 있겠는가?

어떤 이는 '헛되이 죽는 것이 공을 세우는 것만 못하고, 목숨을 끊는 것이 덕을 갚는 것만 못하다. 성삼문成三問 등은 그 마음에 잠시도 옛 임금을 잊지 않고 있었으므로 아조我朝를 섬긴 것은 뒷날의 공을 세우기 위한 것이다' 라고도 하지만, 이는 그렇지 않다. 진실로 공을 이루는 것만을 귀히 여기고 몸을 맡긴 것을 부끄럽게 여기지 않는다면 백이伯夷·숙제叔齊와 삼인三仁도 반드시 서로 모의하여 머리를 굽히고 주나라를 섬기면서 흥복興復을 도모했을 것이다. 이로써 보건대 이들은 자기 임금에게 충성을 바치지 않았을 뿐 아니라 또한 후세에도 모범이 될 수 없는 것이다. 그래서 내가 이제 드러내서 아울러 논하는 것이다. 더구나 사람은 각기 군주를 위하는 것인데 이들은 아조我朝의 불공대천不共戴天의 역적이니 이들은 오늘날 신하로서는 차마 볼 것이 아니다. 내가 이 글을 모두 거두어 불태우고 누구든 이에 대해 서로 이야기하는 자가 있으면 그도 중죄로 다스리려 하는데 어떠한가?' 라고 하였다.(『조선왕조실록』, 선조

9년 병자(1576, 만력 4) 6월 24일 乙酉)

앞선 경연에서 박계현朴啓賢은 선조에게 남효온의 『육신전』을 읽어 볼 것을 권하였다. 아마도 사육신에 대한 새로운 평가를 기대했던 행동일 것이다. 그런데 『육신전』을 읽은 후 선조가 보여 준 반응은 예상과 정반대였다. 선조는 『육신전』에 대해 두 가지 측면에서 비판하는데, 하나는 기록된 내용이 사실과 다른 오류투성이라는 점이고, 다른 하나는 충신이라 할 수 없는 육신을 충신으로 평가한 것이 근원적으로 잘못되었다는 것이었다. 그래서 선조는 육신에 대해 "이들은 아조의 불공대천의 역적"이라고 규정하고, 『육신전』은 모두 거두어 불태울 것이며, 앞으로 누구든 이 문제를 다시 거론하면 중죄로 다스리겠다고 선언한다. 이런 일이 일어난 선조 9년은 1576년으로, 이황이 사망하고도 6년이나 지난 뒤였다. 이런 측면에서 보자면, 이황이 생존했을 당시에 이 문제는 여전히 함부로 입에 올리기 어려운, 정치적으로 상당히 예민한 문제였을 것이라 짐작된다.

이와 같은 이유로 인해 이맹전의 삶은 오랫동안 사람들의 주목을 받을 수 없었다. 150년이나 지난 17세기에 들어와서야 겨우 그의 행적들이 기록되고 드러나기 시작했던 이유가 바로 여기에 있었다. 물론 최현 이전에 이맹전의 행적에 대한 보다 상세한 기록이 없었던 것은 아니다. 최현은 「경은선생사적발」과 「삼인사적」의 「경은선생」 부분에서 다음과 같이 말한다.

> 내가 두 선생의 출처 행적을 수집할 뜻이 있었지만 달리 모을
> 만한 자료가 없었는데, 선생의 아우 공희공이 기록한 행장과
> 유고 두 질을 또한 병화에 잃고 말았으니 더욱 한탄스럽
> 다.(「경은선생사적발」)
> 선생의 동생으로 이름이 계전季專인 참판參判 공희공恭僖公이
> 선생의 처신과 시종始終을 상세하게 기록한 것이 있었지만, 난
> 리가 일어났을 때 없어졌고, 선생의 유고遺稿 두 질帙도 전쟁
> 중에 잃고 말았다.(「삼인사적」)

이맹전에게는 중전仲專, 숙전叔專, 계전季專, 말전末專이라는
네 명의 남동생이 있었다. 그런데 앞의 기록에 따르면, 이맹전의
셋째 동생인 이계전이 그 형인 이맹전의 삶에 대해 상세히 기록
한 행장과 함께 유고가 있었지만, 임진왜란 등의 전란을 거치면
서 유실된 것으로 보인다. 이런 까닭에 1630년을 전후한 시기, 최
현이 이맹전과 관련된 자료를 모아 그 생애를 재조명하려고 했을
때 참고할 수 있는 것은 겨우 박운이 『해동명현록』을 쓰기 위해
정리하여 박수일까지 이어져 내려온 기록이 거의 전부였을 것이
라고 짐작된다. 아무튼 1630년을 전후한 시기 최현으로부터 시
작된 이맹전에 대한 자료 발굴과 삶의 재조명은 약 50년 후인

1681년(숙종 7) 단종이 복위되면서 더욱 활발하게 진행되었다. 그리고 이것은 다시 영조 대에 이르러 이맹전을 생육신의 한 사람으로 자리매김하는 것과 동시에, 이맹전의 위상을 제고하는 데크게 기여하였다고 말할 수 있다.

2. 명문에서 태어나 벼슬살이한 사환시기

    지금까지 이맹전의 삶에 대해 기록하고 있는 문헌들과, 이 문헌들이 왜 그토록 늦은 시기에 등장하게 되었는지를 간략하게 살펴보았다. 이제 본격적으로 이맹전이 어떤 삶을 살았는지 그의 삶으로 접근해 보자. 그런데 곧바로 그의 삶으로 다가가기에 앞서, 그의 선대 조상들은 어떤 사람들이었는지부터 먼저 살펴보자. 이복원의 「경은이공시장耕隱李公諡狀」에서는 이맹전의 가계를 비교적 상세하게 설명하고 있는데, 그 내용은 다음과 같다.

    시조는 이름이 총언悤言인 고려의 개국공신으로 벽진장군이고, 후세에 이 벽진碧珍을 적籍으로 하니, 지금의 성주이다. 이름이 건간堅幹인 5대조는 진현관대제학으로, 일찍이 두견을 주제로 지은 시에 "네 울음에 진 산꽃이 몇 겹이나 쌓였을까"라는 구절이 있어 세상에 산화선생山花先生이라고 불렀고, 그런 이유로 또 산화이씨山花李氏라고도 불렀다. 이름이 대伐인 고조高祖는 수문전대제학이고, 이름이 군상君常인 증조曾祖는 사재시부정으로 증형조참판贈刑曹參判이며, 이름이 희경希慶인 조부는 병마도원수이고, 이름이 심지審之인 부친은 예빈시사禮賓寺事로 증병조판서이다. 모친인 여산송씨礪山宋氏는 현령 인손仁孫의 딸이며, 계모인 성산여씨星山呂氏는 전공판서典工判書 극회克誨의 딸이다.

이복원의 설명대로 이맹전의 본관은 벽진이다. 벽진이씨는 신라 헌안왕憲安王 때 벽진태수碧珍太守로 있었던 이총언李悤言을 시조로 한다. 그는 태조 왕건을 도와 고려를 세우는 데 큰 공을 세워 삼중대광개국공신으로 벽진대장군에 봉해졌다. 벽진은 성주星州의 옛 이름으로, 이후에 후손들은 이총언을 시조始祖로, 본관을 벽진으로 쓰게 되었다. 벽진이씨碧珍李氏는 6세손世孫인 이실李實 대까지 대대로 관향貫鄕인 벽진에 세거世居하다가, 7세손世孫 이방화李芳華 때에 같은 성주지역인 유곡酉谷(楡谷)으로 이사하였다.

11세손이자 이맹전의 5대조인 이견간李堅幹은 고려 충렬, 충선, 충숙왕 3대에 걸쳐 통헌대부, 민부전서, 진현관대제학, 지밀직지사, 홍문관사를 역임하였다. 그가 충숙왕 4년(1317)에 사신으로 원나라에 가면서 상주常州(현재의 江蘇省 武進縣)의 여관에 머무를 때, 다음과 같은 두견시杜鵑詩를 지었다.

여관에서 잠 못 이루어 등잔심지 돋우고   旅館挑殘一盞燈
사신 가는 내 모습이 승려보다 담박하구나.   使華風味淡於僧
창 너머 두견소리 밤이 새도록 들리고   隔窓杜宇終宵聽
네 울음에 진 산꽃이 몇 겹이나 쌓였을까?   啼在山花第幾層

마지막 "네 울음에 진 산꽃이 몇 겹이나 쌓였을까"라는 구절에서 등장하는 '산꽃'(山花)이 사람들에게 깊은 인상을 주었다고 생각된다. 왜냐하면 이때부터 사람들은 그를 산화선생이라고 불렀고, 본관을 산화이씨라 고쳐 부르기도 했기 때문이다. 그리고 이때의 사신행에서 원나라의 순황제順皇帝가 이견간에게 어디에 사는지 묻자, 자신이 살고 있는 마을을 그림으로 그려 황제에게 바쳤다. 그 그림이 바로 「소거산수도所居山水圖」로, 황제가 그 그림을 보고 지형상 마을에 물이 모자라겠다면서 물을 나무 홈통으로 끌어 온다는 뜻으로 '홈통 명'(樑)자를 사용해 마을 이름을 명곡樑谷이라 지어 주었고, 이렇게 해서 성주군 초전면 홈실의 이름이 명곡樑谷, 곧 홈실로 바뀌게 되었다.

바로 이 이견간의 현손玄孫 5형제가 곧 이맹전의 부친 형제였다. 그런데 이 부친 대에 큰 홍수가 발생해 살고 있던 홈실이 폐허가 되어 다른 곳으로 이주할 수밖에 없었다. 그래서 5형제(산화5파) 중 맏이와 셋째는 칠곡으로, 둘째는 선산으로, 넷째는 창녕으로, 다섯째는 밀양으로 각각 이주하게 되었다. 이 5형제 중 선산으로 옮긴 둘째가 바로 이맹전의 부친이자 예빈시사로 증병조판서인 이심지李審之이다.

　　시조인 이총언으로부터 이맹전의 부친 이심지에 이르기까지의 흐름에서 보더라도, 이맹전의 가계는 명문벌족이라는 표현이 부족할 정도이다. 최현의 "산화이씨는 성주의 큰 집안으로, 역사가 오래되었고, 높은 벼슬이 서로 이어져 내려왔으며, 선생은 청환현직의 집안에서 태어났다"(「경은선생사적발」)라는 표현은 결코 과장된 말이 아니었던 것이다.

　　이러한 집안을 배경으로, 이맹전은 조선이 건국된 해인 1392년(태조 1), 금오산 아래인 선산 형곡리荊谷里(현 구미시 형곡동)에서 5남 4녀 중 장남으로 태어났다. 하지만 그의 어린 시절이나 젊은 시절이 어떤 모습이었는지, 언제 결혼을 했는지, 그리고 관직생활은 어떠했는지에 대한 구체적인 정보는 찾아보기 어렵다.

　　다만 확인되는 것은 길재가 사망한 해인 1419년(세종 1)에 성균생원에 합격하였고, 1427년(세종 9)에 친시문과 을과에 급제하여 승문원정자로 벼슬살이를 시작하였다는 점이다. 최현은 「삼

인사적三仁事蹟」 중 「경은선생耕隱先生」 부분에서 이맹전의 관료시기에 대해 다음과 같이 짧게 기록하고 있다.

> 선생은 명문집안에 태어나 일찍 과거에 급제하여 한림에 뽑혔고, 세종 때에는 사간원정언과 지제교의 벼슬을 지냈으니, 이름이 일찍부터 알려졌다. 중년에는 세상일이 어렵고 위태로워지는 것을 보고 외직外職을 자청自請하여 거창현감居昌縣監으로 부임해 청백으로 알려져 청백리로 기록되었다.

흩어져 있는 여러 자료를 토대로 그의 관료생활 시기를 정리해 보면, 다음과 같은 내용을 겨우 확인할 수 있을 뿐이다.

28세 1419년(세종 1) 성균생원 입격

36세 1427년(세종 9) 친시문과 을과에 급제

45세 1436년(세종 18) 사간원우정언

　　　　　　　우정언의 관직에서 파면(10월 15일)

59세 1450년(세종 32) 소격서령

61세 1452년(문종 2) 거창현감

63세 1454년(단종 2) 관직에서 물러나 귀향

　　그런데 여기에서 다음과 같은 4가지 사실을 주목할 필요가
있다고 생각된다. 첫째는 처음 관직에 오른 것이 36세로 결코 이
르다고 할 수 없는 나이라는 점, 둘째는 45세인 1436년 10월 15일
에는 우정언의 관직에서 파면되었다는 점, 셋째는 61세인 1452
년에 외직인 거창현감을 자원한 점, 마지막 넷째는 63세인 1454
년에 관직에서 물러나 귀향한 점이다. 충분하지는 않지만 이 4가
지 사실과 이맹전의 태도로부터 그가 지향한 삶이 어떤 모습인지
를 대강이나마 그려 볼 수 있다고 생각되기 때문이다.

　　비교적 늦은 나이인 28세에 성균생원으로 들어가고, 또 36
세의 나이에 과거에 급제해 관료생활을 시작하였다는 사실과 함
께, 그가 지낸 벼슬이라는 것이 고관대작이라고 할 수 없다는 점
에서 출세나 영달에 대한 욕심이 크지 않았다고 이해할 수 있을
것이다. 그리고 이와 같은 그의 태도가 중앙정계에 중대한 변화

가 일어나거나 그 기미를 보일 때, 셋째나 넷째와 같은 행위를 낳게 되었다고 말할 수도 있을 것이다. 그의 후반 30년 가까운 은거 생활이 우연하게 이루어진 것이 아니라 그의 삶이 보여 준 지향과 일치하는 것이라면, 늦은 나이에 관직에 오른 것이나, 외직을 자원하여 나간 것, 그리고 마침내 벼슬을 버리고 귀향한 것 등은 그 삶의 일관된 지향을 보여 준 것이라고 이해할 수 있을 것이다.

반면에 두 번째 사실은 약간 다른 의미를 가진다. 『조선왕조실록』의 기록에 따르면, 이맹전은 45세인 1436년 10월 15일 좌사간 유한柳漢·우사간 유미柳渼·지사간知司諫 황득수黃得粹 등과 함께 정언 관직에서 파면되었다. 모두 사간원의 관원인데, 이들이 어떤 잘못을 저질러 파면되었다는 구체적인 기록은 없다. 하지만 짐작되는 것이 있는데, 그것은 다음과 같은 파면되기 열흘 전 10월 5일의 기록에서 확인된다.

사간원우정언 이맹전李孟專이 "지화池和와 이신에게 관작을 제수하시니, 신 등은 생각하건대, 옛날에 당나라 태종이 방현령房玄齡에게 말하기를, '악공樂工과 잡류雜類들은 설령 기술이 동료보다 뛰어나더라도 다만 금전과 옷감을 특별히 내려주어 그 재능을 상주면 되고, 반드시 신분을 뛰어 넘어 관직을 줘서 조정의 현인·군자들과 어깨를 나란히 해서 서고, 같은 자리에서 먹도록 해서 사대부들의 수치가 되게 하지 마라' 고

하였는데, 지금 지화 등은 비록 관직은 주었지만 어떻게 그 직무를 맡길 수가 있겠습니까? 또 사모와 품대 차림으로 조정의 길에 다니면서, 조정의 관리들과 나란히 서게 하니 진정 불편한 일입니다. 원컨대 그 관직을 파면하고 다만 봉급만 주어서 그 공을 상주소서"라고 아뢰었다.

임금이 말하기를, "그대의 말이 진정 옳다. 그러나 맹인점쟁이로 관직을 받은 것이 오늘날에 와서야 시작된 것이 아니고 예로부터 있어 왔던 일이다. 또 사옹원의 관직은 공인·상인·천민과 노예들도 모두 받았는데, 아마 모두가 그 사무를 반드시 맡지는 못할 것이다. 지금 지화 등은 모두 국가의 점치는 일과 혼인하는 일 등에 참여하지 않은 것이 없으니, 어찌 그의 공이 없겠는가. 비록 사옹원의 관직을 제수하더라도 의리를 해치는 일은 없을 것이다"라고 하였다.

이맹전이 파면을 건의한 지화池和(?~1453)는 왕의 명령을 받아 왕실의 길흉화복吉凶禍福을 점치고, 국혼國婚 등에도 참여한 맹인관리였다. 그는 태종 때인 1413년(태종 13)에 이미 한성소윤漢城少尹의 관직에 올라 있었다. 그래서 세종도 "관직을 받은 것이 오늘날에 와서야 시작된 것이 아니고 예로부터 있어 왔던 일"이라고 말했던 것이다. 그런데 이맹전이 지화의 관직을 파면하라고 건의할 때는 그에게 중훈검교첨지내시부사中訓檢校僉知內侍府事로 사옹원사직이라는 더 높은 관직을 제수하려는 움직임을 보이고 있었다. 이러한 상황에서 이맹전은 승진이 부당하다고 문제 삼은 것이 아니라, 이전부터 관직에 오르도록 했던 것 자체가 문제였다는 점을 지적했던 것이다.

이러한 사실과의 연관성에서 볼 때, 그 열흘 뒤에 이맹전이 파면된 것은 지화를 파면하라고 건의했기 때문이 아니었을까 짐작해 본다. 결국 지화가 파면되는 것이 아니라, 도리어 그의 파면을 주장했던 정6품 정언이었던 이맹전 외에 사간원 관리들 상당수가 함께 파면되는 상황이 전개되었던 것이다. 하지만 이 사건 속에서도 이맹전이 어떤 삶을 살았는지, 그 모습이 그려진다. 삶의 원칙과 그 원칙을 지키기 위한 노력이 둘이 아니었던 것이다. 다만 그 뒤에 언제 어떤 방식으로 복직이 되었는지에 대한 기록은 보이지 않는다.

3. 눈멀고 귀먹었다 핑계한 은거시기

　　이렇듯 36세 늦은 나이에 시작한 관직생활은 61세에 자청하여 거창현감으로 내려가 2년 뒤인 63세에 그곳에서 마무리되었다. 관직에서 물러난 이맹전은 고향인 선산의 망장촌으로 돌아갔는데, 그 후의 상황을 최현은 「삼인사적」에서 다음과 같이 기록하고 있다.

　　단종 갑술甲戌년(1454) 세상일이 급변하자, 선생은 더욱 자신을 감추고 세상에 대한 뜻이 없어 망장촌으로 물러나 "눈멀고 귀먹었다"고 핑계하면서 손님과 벗들을 사절하였다. 집안사람들이 왜 그렇게 하는지 까닭을 물으면 수양한다고 말하였

다. 또 초하룻날이면 늘 해가 뜨는 동쪽을 향해 절을 하는 것을
보고 집안사람들이 왜 그렇게 하는지 까닭을 물으면 "나의 병
이 나아지길 기도한다"고 말하였다. 그리고 스스로 "눈은 어
두워 보이는 것이 없고, 귀 또한 듣지 못하니, 듣지도 보지도
못하는 것이 바보와 다름없구나"라고 말하였기 때문에 집안사
람과 아녀자들도 그것이 핑계인 줄 알아차리지 못하였다.

1453년 10월 10일 수양대군首陽大君이 좌의정 김종서金宗瑞를
시작으로 황보인皇甫仁, 조극관趙克寬, 이양李穰 등을 살해하고 정
권을 잡는 계유정난癸酉靖難을 일으켰다. 그 이듬해인 1454년 이
맹전은 "눈멀고 귀먹었다" 핑계하고 벼슬을 버리고 귀향하였다.
도의道義가 무너진 세상일을 보고 싶지도 듣고 싶지도 않다는 그
의 굳은 의지가 느껴진다. 그러고는 찾아오는 손님을 사절하고,
매월 초하루에는 해가 뜨는 동쪽 곧 영월의 단종 혹은 그의 무덤
인 장릉을 향해 절을 하였는데, 집안사람에게는 "수양한다"고 말
하거나 "병이 나아지길 기도한다"고 말하였다. 그리고 눈멀고 귀
먹은 척하며 26년 동안 생활하였다. 집안사람들을 비롯해서 아
무도 그가 사실은 눈멀고 귀먹은 것이 아니라는 것을 몰랐지만,
오랜 지우의 아들인 김종직만은 그 숨겨진 사실을 알아차릴 수
있었다. 최현은 「삼인사적三仁事蹟」에서 그 순간을 다음과 같이
기록하고 있다.

단종의 유배지 청령포 원경

김숙자 선생과 평생 도의道義로 사귀었고, 점필재佔畢齋(김종
직)선생이 찾아와 이야기를 나누면 마음속을 드러내 보이며 이
야기하는 것에 장애가 없으니, 점필재가 "우리 선생님의 병환
病患이 거의 나은 것 같습니다"라고 말하였다. 이 말을 듣고 선
생께서는 "병이 나은 것이 아니라, 초가 오두막에서 죽어 갈
것이라 생각했는데 이렇게 군자를 만나 보니 저절로 마음에
쌓인 것이 모두 풀린 것 같아서 그렇네"라고 말하였다. 김 선
생이 그 숨겨진 뜻을 알아차리고 얼굴 표정을 가다듬고 더욱
공경하였으며, 마음을 드러내며 서로 잔을 권하다가 시간을

잊고 돌아갔다. 부인 김씨가 이것을 보고 눈이 어둡고 귀가 멀었다는 것이 거짓인 줄 알게 되었다. 선생이 마루에 계실 때, 말리기 위해 앞마당에 널어 둔 곡식을 닭과 참새들이 다 쪼아 먹어도 내버려 두고 사람들에게 말하지 않으므로, 임종할 때에서야 집안사람들이 비로소 사실을 알게 되었다.

이맹전이 김종직과 몇 차례 만났는지에 대한 기록은 남아 있지 않다. 여러 차례의 만남이 예상되지만, "자네 같은 젊은이가 배운 학문을 세상에 널리 펼쳐야 하는 것이네"라고 출사할 것을 적극 권유했다는 김종직의 회고에서 보자면, 김종직이 문과에 급제하기 전에 출사할 것을 권유한 만남이 최소한 한 차례 있었음을 알 수 있다. 그리고 그 뒤 김종직은 46세에 선산부사로 부임하였는데, 이때 85세인 이맹전을 찾아 문병한 것으로 보인다. 그리고 최현의 기록은 바로 이때의 만남을 묘사한 것이라고 생각된다. 출사를 권유했던 벗의 아들이 본인이 살고 있는 선산의 부사로 부임해 찾아왔으니, 그 반가움은 말로 표현하기 어려웠을 것이다. 평소 부인을 비롯한 가까운 집안사람들조차 모두 눈멀고 귀먹었다고 여기게 했던 사람이 지우의 아들인 김종직이 찾아오자 숨기고 있던 진짜 모습이 드러나는, 그래서 마음속에 쌓인 회포를 푸는 모습이 그려진다.

인용한 최현의 글에는 기록이 없지만, 이맹전이 87세 때인

김일손을 제향하고 있는 함양 청계서원

1478년(성종 9)에 당시 15세의 탁영濯纓 김일손金馹孫(1464~1498)이
선생을 찾아와 문안하였다. 김일손은 그해 2월에 성균관에 입학
하였고, 3월에는 단양우씨를 부인으로 맞았다. 성균관인지 아니
면 단양의 처가인지는 분명하지 않지만, 아무튼 김일손이 9월에
청도 집으로 돌아가다가 당시 선산에 살고 있던 전前 외조부 어
은漁隱 정중건鄭仲虔(1410~1483)을 찾아뵙던 길이었다. 정중건은 김
일손의 아버지 김맹金孟(1410~1483)의 장인, 곧 첫 번째 부인 정씨
의 아버지였다. 김일손은 정씨부인이 사망한 후 재가한 이씨부
인이 낳은 아들이기 때문에, 정중건은 김일손에게 전 외조부가
되는 것이다.

　　당시 정중건 역시 이맹전과 마찬가지로 집현전전한集賢殿典
翰으로 있다가 계유정난이 일어나자 외직인 비안현감比安縣監을

자청해 나갔지만, 곧 사직하고 이맹전과 같은 선산에 은거해 있었다. 두 사람은 유사한 삶을 살았던 셈이다. 그리고 김일손은 그 길에 이맹전을 찾아 문안하였다고 짐작되는데, 이때 세 사람이 주고받은 시가 지금도 전해진다.

이렇게 눈멀고 귀먹었다고 핑계하며 26년을 살다가, 이맹전은 1480년(성종 11)에 89세를 일기로 사망하였다. 장례와 그 후손들에 대한 이야기는 최현의 「삼인사적」에서 비교적 상세하게 설명하고 있다.

> 선생은 조선 태조 원년인 임신壬申년(1392)에 태어나 성종 11년인 경자庚子년(1480)에 서거逝去하니 향년 89세였다. 선산부善山府 동쪽 연향延香의 남쪽에 있는 미석산彌石山 서향西向의 언덕에 장사 지냈는데, 낮은 비갈만 있고 글은 없으며, 부인 김씨의 묘가 그 앞에 있다. 선생은 직제학直提學 김성미金成美의 딸(按廉使 申祐의 外孫女)과 결혼하여 4남 1녀를 낳았다. 첫째 아들은 조산대부행대구교수朝散大夫行大丘敎授 순恂이니, 적손嫡孫은 청하현감淸河縣監 보원堢源이고, 외손으로 수찬修撰 이덕수李德洙, 도사都事 이덕사李德泗, 판서判書 정경세鄭經世가 있다. 둘째 아들은 상주의 천悑이니, 외손에 현감 이진李軫, 이보李輔, 승지 최현崔晛, 진사 신적도申適道, 장령 신달도申達道, 좌랑佐郞 신열도申悅道가 있다. 셋째 아들은 의성義城의 돈惇

이니, 외손으로 목사牧使 김용金涌, 진사進士 이영남李榮男이 있다. 넷째 아들은 이이怡니, 외손에 진사 김안절金安節, 생원 김광계金光繼, 진사 박홍경朴弘慶, 유학幼學 송광홍宋光弘이 있다. 딸은 선산의 보덕輔德 박사제朴斯悌에게 출가했다. 후손들이 성주에는 많이 살지 않으며 영천에 약간 더 많이 살고 있다. 6대 장손 사과司果 희방希芳과 그 아들 감坎, 지손인 생원 희양希陽과 그 아들 득주得澍, 득격得激이 선생의 산소를 받들고 있다.

사망 후에 이맹전은 선산 동쪽 연향 미석산(현재는 구미시 해평면 금호리)에 장사 지냈고, 그 뒤를 이어 사망한 부인의 묘 역시 그 앞에 위치해 있다. 이맹전의 4남 1녀 중 맏이인 이순은 대구향교의 교수를 역임하였고, 그 아들인 이보원은 청하현감을 지냈다. 둘째와 셋째는 이 당시 이미 상주와 의성으로 이주한 것으로 확인된다. 1630년을 전후해 최현이 「삼인사적」을 서술할 당시에는 이맹전의 6대 장손인 이희방이 제사를 올리며 무덤을 관리하였지만, 그 뒤 9대에 이르러 그 맥이 끊어져 버리고 말았다. 이때부터는 영천의 지손들이 적극적으로 참여하게 되었는데, 영천의 지손들은 이맹전李孟專의 손자인 이배원李培源(맏아들 순의 넷째 아들)의 후손들이다. 벽진이씨로 영천에 처음 입향한 사람이 바로 이배원인데, 그의 장인인 김계돈金季敦이 사위의 터전을 만들어 주었을 것으로 추측된다.

제2장 생육신 이맹전

이맹전은 '생육신生六臣'의 한 사람이다. 그런 까닭에 이맹전을 이해하는 데 '생육신'이라는 이름은 간과할 수 없는 무게를 가진다. 이맹전은 이미 '생육신'이라는 이미지로 그 자신의 좌표를 제공하고 있는 것이다. 그런데 이맹전이 처음부터 '생육신'이라고 불렸던 것은 아니다. 그가 '생육신'으로 불리게 된 것은 그가 사망하고도 200년이라는 긴 시간이 흐른 뒤였다.

　　따라서 '생육신'이 등장하는 역사적 배경이 되는 계유정난과 함께, 그 이후 '생육신'이라는 명칭이 확정되고, 이맹전을 '생육신'이라고 부르게 되는 과정을 살펴보는 것은 이맹전을 이해하는 데 반드시 필요한 부분이다. 앞에서 살펴본 내용에서는 그가 살아 있을 때의 모습을 이해했다면, 아래의 내용에서는 생육신으로 확정되어 가는 모습에서 그가 죽은 뒤에 다른 사람들에게 어떤 모습으로 이해되었는지를 살펴본다. 이제 계유정난癸酉靖難에서부터 '생육신'이라는 명칭의 등장과 함께 그 구성원이 확정되어 가는 과정을 되짚어가 보자.

1. 사육신과 단종이 복위되기까지

57세의 이맹전이 사간원우정언으로 있을 때였다. 자신에게 주어진 시간이 얼마 남지 않았음을 예견했는지, 세종(재위 1418~1450)은 1448년(세종 30) 맏손자를 왕위계승권자인 왕세손으로 책봉했다. 그런데 겨우 8세에 불과했던 맏손자를 이토록 서둘러 왕세손으로 책봉한 데는 그럴 만한 이유가 있었다. 훗날 문종으로 즉위하게 될 세자가 있었지만 병약했다. 뿐만 아니라 자녀 18남 4녀 가운데, 소헌왕후昭憲王后² 심씨 소생에는 왕세자를 제외하고도 수양대군을 비롯한 왕자가 일곱이나 있었다. 그리고 이들 대부분이 자신만의 야심을 키워 가고 있었다. 특히 둘째인 수양대군의 주위에는 한명회韓明澮 등과 같은 모사와 문객이 많아서 미리 왕통을 분명하게 확립해 둘 필요가 있었던 것이다.

　이렇게 안배해 두고 2년 뒤 세종이 사망하자, 그 뒤를 이어 문종(재위 1450~1452)이 즉위하였다. 그렇지만 세종이 예견했던 대로 그는 즉위 2년 3개월 만에 사망하고 말았다. 문종이 사망하기 전인지 아니면 그 후인지 정확하게 알 수는 없지만, 이때 이맹전은 61세로 지방관을 자청하여 거창현감으로 부임하였다. 조선이 세워진 후 2차례 왕자의 난을 겪으며 수많은 사람이 피를 흘리는 모습을 봐 온 그는 이미 새로운 피의 역사가 곧 전개될 것을 예견했던 것이다. 그래서 이헌경은 「경은이선생유사서」에서 다음과 같이 말한다.

　선생은 세종 때에 한림원과 사간원에서 벼슬하였으니, 이름을

---

2) 昭憲王后: 세종의 부인이자, 문종과 세조의 어머니이다. 본관은 靑松이고, 아버지는 靑川府院君 沈溫이며, 어머니는 순흥안씨로 昭懿公 安天保의 딸이다. 1408년(태종 8)에 충녕(세종)과 가례를 올렸다. 슬하에 8남 2녀, 곧 맏이 문종과 그 아래 수양·안평·임영·광평·금성·평원·영응, 그리고 정소·정의 공주를 두었다. 강상인의 옥사가 발생했을 때 아버지 심온이 주모자로 몰려 죽고, 이 사건으로 어머니 안씨는 관노가 되었다가 후에 복작되었다. 아버지가 역적으로 몰려 한때 왕후의 지위가 위태로웠으나, 왕실의 안정에 대한 공이 인정되어 무사하였다. 1446년 52세로 죽자 헌릉에 장사 지냈고, 뒤에 세종의 능인 영릉으로 이장하였다. 1452년(문종 2)에 존호를 추가하여 宣仁齊聖昭憲 王后에 追上되었다.

날린 높은 관직의 관리가 아니겠는가? 그런데도 중년에 세상
일이 위태로워지는 것을 보고 힘써 외직을 구한 것은 곧 '기미
를 보고 종일을 머무르지 않는 것'이다.

여기에서 '기미를 보고 종일을 머무르지 않는 것', 곧 '세상
일이 위태로워지는 것을 보고 외직을 구한 것'이 바로 그가 앞으
로의 일을 예견했음을 말한 것이다. 문종은 사망하기 전 12세의
어린 왕을 잘 보필해 주기를 영의정 황보인·좌의정 남지·우의
정 김종서 등 이른바 고명대신顧命大臣들에게 부탁하였다. 고명대
신이란 국왕이 임종할 때 그 유언을 전하고 나라의 뒷일을 부탁하
는 신하를 가리킨다. 그렇게 문종이 사망한 후 단종(재위 1452~1455)
이 12세의 어린 나이에 왕위를 계승하였지만, 실질적인 정권은 바
로 그 선왕의 유지를 받은 고명대신들이 장악하게 되었다.

정권을 장악한 황보인·김종서 등은 의정부의 권한을 강화
하며 막강한 인사권을 행사하였다. 그런데 이들의 인사권 전횡
과 함께 권력이 지나치게 편중되자 집현전과 사헌부의 반발을 불
러왔고, 조정이나 왕실에서는 왕숙 섭정론이 대두되기 시작하였
다. 물론 이러한 시각은 수양대군의 정난을 정당화하고 명분을
만들어 가는 하나의 방식이었다고 생각되지만, 그것을 통해 일정
한 지지층을 형성한 것만은 사실일 것이다.

이렇듯 왕자들의 세력과 황보인·김종서 등 대신들의 세력

이 팽팽하게 맞선 가운데, 집현전 학사 권람과 신숙주·한명회를 끌어들인 수양대군은 1453년 10월 10일 계유정란을 일으켜 먼저 김종서를 살해한 뒤 사후에 왕에게 알리고, 왕명으로 중신들을 소집해 영의정 황보인·이조판서 조극관趙克寬·찬성贊成 이양李穰 등을 대궐 문에서 죽였을 뿐만 아니라, 좌의정 정분 등을 유배시키고 스스로 영의정에 올라 정권을 장악하였다. 그리고 왕인 단종을 대신해 어지러운 정국을 바로잡았다는 뜻으로 이 사건을 '정난靖難'이라 이름 붙였다. 1452년 5월 18일 즉위한 단종이 왕위에 오른 지 겨우 1년여가 지난 때였다.

　　이와 같이 일거에 정권을 잡은 수양대군은 영의정부사領議政府事, 이조吏曹·병조판서兵曹判書, 내외병마도통사內外兵馬都統使 등을 겸하면서 무소불위의 권력을 쥐게 되었다. 아울러 좌의정에 정인지鄭麟趾, 우의정에 한확韓確을 임명하였으며, 집현전에서는 수양대군을 찬양하는 교서를 짓도록 하였다. 이처럼 겉으로 드러난 계유정난의 모습은 흔히 종실을 대표하는 수양대군이 권력을 독점하며 왕권에 도전하는 김종서와 황보인 등을 제거하는 모습으로 그려진다. 이후 역사서에서는 김종서와 황보인 등이 부패하고 무능한 관리로 그려진 반면, 수양대군은 도덕적으로 흠이 없는 사람이자 왕조를 수호한 인물이고 친족의 처벌을 주저하는 인간적인 모습으로 그려졌다. 이 계유정난을 통해서 단종은 이름뿐인 왕이 되었다. 그리고 2년 뒤인 1455년 마침내 수양대군

단종의 유배지 영월의 청령포 단종어소

에게 왕위를 물려주고 상왕上王으로 물러날 수밖에 없었다. 이맹
전은 이렇듯 단종이 이름뿐인 왕이 되는 모습을 멀리서 지켜보다
상왕으로 물러나기 한 해 전인 1454년 눈멀고 귀먹었다 핑계하
고 관직에서 물러나 귀향해 버렸던 것이다.

　그런데 문제는 정난을 일으켜 정국을 바로잡는 것까지는 지
켜볼 수 있었지만, 왕을 상왕으로 물러나게 하고 자신이 왕위에
오르는 상황을 지켜보지 못하는 사람들이 있었다. 이들이 바로

성삼문과 박팽년 등 집현전의 학사들이었고, 종친 중에서는 수양대군의 동생인 금성대군과 서동생인 화의군 등이 동조하였다. 중심인물들은 성삼문·박팽년·하위지·유성원·이개·유응부·김문기·성승·박쟁朴崝·권자신·송석동宋石同·윤영손尹令孫·이휘李徽·박중림 등이었고, 이들이 함께 단종의 복위를 공모하였다.

이듬해인 1456년 세조의 왕위계승을 인준하는 명나라 사신이 조선에 입국하였고, 사육신 중 한 사람인 유응부가 왕을 호위하는 별운검에 임명되면서 세조의 암살계획이 구체화되었다. 즉 하위지·성삼문 등은 세조가 창덕궁에서 명나라 사신을 위해 연회를 열 때 왕을 호위하던 유응부가 세조를 제거하고 상왕으로 물러나 있던 단종을 복위하려 했던 것이다. 하지만 세조가 왕을 호위하는 별운검을 동반하고 연회장을 나서는 것이 위험하다고 판단한 한명회가 창덕궁 연회장이 너무 협소하여 별운검을 동반하지 말 것을 주장했고 세조가 이 의견을 받아들여 암살 계획은 뒷날로 미루어질 수밖에 없었다. 이렇듯 거사에 차질이 생기자, 함께 복위를 모의했던 성균사예成均司藝 김질이 겁을 먹고 장인이었던 우찬성右贊成 정창손鄭昌孫과 함께 모든 사실을 세조에게 밀고하고 말았다. 그날은 창덕궁 연회가 열린 다음 날로 1456년(세조2) 6월 2일이었다.

곧바로 성삼문이 잡혀 심문을 받게 되었고, 결국 박팽년·이개·하위지·유성원과 공모하였으며 유응부·박정 등이 가담하였다는 사실이 밝혀졌다. 이때부터 일은 극단적인 파국으로 치달아 결국 5일 만에 고문을 견디지 못한 박팽년이 옥사를 하고, 유성원과 허조는 사건이 누설된 것을 확인하고 자살하였지만 효수되었으며, 그다음 날인 6월 8일 이개·하위지·성삼문·성승(성삼문의 부)·박중림(박팽년의 부)·김문기·박정·송석동·권자신(단종의 외삼촌)·윤영손 등이 거열형에 처해진 후 효수되었다. 이 밖에도 세조 2년 6월 한 달 동안 100여 명이 이 사건에 연루되어 목숨을 잃었고, 7월 12일 일이 발각되자 자수하였던 이휘가 참수되는 것을 끝으로 사형은 일단 마무리되었다. 하지만 연루자의 가족들에게도 가혹한 형벌이 내려졌는데, 가족 중 부녀자는 공신들에게 노비로 하사되었으며, 토지를 비롯한 가산 일체는 몰수되었다. 가담했던 왕실의 종친 역시 왕자 신분을 박탈당하거나 가산을 몰수당하고 유배되어야 했다.

이 사건으로 단종은 그 이듬해인 1457년 상왕에서 노산군魯山君으로 강봉降封되어 강원도 영월寧越에 유배되었다. 그런데 경상도 순흥으로 유배되었던 금성대군이 순흥부사 이보흠과 단종의 복위를 도모하다가 발각되어 사형에 처해진 후, 노산군은 다시 강등되어 서인庶人이 되었다. 그리고 마침내 그해(세조 3) 10월 24일에 영월에서 사망하였다.

이 모든 일이 이맹전이 눈멀고 귀먹었다 핑계하고 벼슬을 버리고 귀향한 지 3년 만에 일어난 일이었다. 이맹전은 이미 일이 이렇게 흘러가게 될 것을 짐작한 것처럼 보인다. 그리고 이맹전의 이러한 면모에 대해 최현은 「경은선생사적발」에서 다음과 같이 말한다.

> 초간草間 권문해權文海 선생과 서애 류성룡 선생을 뵈었을 때 이야기가 우리 고을의 일에 관해 이르렀는데, "일선은 참으로 충현의 고을로 보통 사람보다 몇 등급 높은 군자가 여러 분 계시는데, 수재秀才는 알고 있는가?"라고 말씀하셨다. 내가 모른다고 답하자 다음과 같이 말씀하셨다. "…… 세종 말년에는 경은선생이 중요한 관직에 있으면서 세상일이 날로 잘못될 것을 알고 벽촌에 물러나 지내며 늙었다. 세조가 양위 받은 후 예닐곱의 신하가 서로 이어 죽었으나, 경은선생은 홀로 장님과 귀머거리를 핑계로 종신토록 벼슬하지 않아 형벌로 죽임을 당하지는 않았으니, 그 기미를 보는 명철함과 은거하는 굳은 의지는 비록 당시의 여러 현인이라도 쉽게 할 수 없는 것이 있었다."

권문해와 류성룡은 모두 이황의 뛰어난 문인들로, 다른 것이 아닌 일이 흘러가는 기미를 읽어내는 명철함과 모든 것을 버리고 은거할 수 있는 굳은 의지를 이맹전에게서 보았던 것이다. 아무튼 수많은 사람들이 피를 흘리고, 목숨을 버리는 비극적인 사건인 계유정난과 그 뒤에 이어진 일련의 사태들은 이맹전의 삶의 방향을 바꾸는 주요한 전환점을 형성하였다. 그리고 그것은 그의 삶의 특징과 지향을 드러내 보여 주는 계기가 되었다. 그런데 계유정난을 통해 삶의 방향을 전환했던 그가 '생육신'으로 포함되는 과정은 다시 몇몇 곡절을 더 겪어야만 했다. 그리고 이 과정 역시 이맹전을 이해하는 데 간과할 수 없는 부분이기도 하다.

사실 '사육신'이니 '생육신'이니 하는 말들은 계유정난이 일어나고도 오랜 시간이 지난 뒤에서야 확정되고 정착되었다. 먼저 확정되고 정착된 것은 당연히 '사육신'이다. 하지만 이 '사육신'마저도 처음부터 그렇게 부른 것은 아니다. '사육신'이란 말은 남효온이 『육신전』에서 성삼문成三問·박팽년朴彭年·하위지河緯地·이개李塏·유성원柳誠源·유응부兪應孚의 절의를 기록한 것에서 비롯된다. 따라서 이들에 대한 호칭은 본래 '사육신'이 아니라 '육신'이었다. '사육신'이란 명칭은 이들과 대비되는 '생육신'이 확정되었을 때 비로소 등장한 것이다. 물론 단종의 복위운동과 관련하여 이 여섯 사람만이 목숨을 잃었던 것은 아니다. 이들 외에 100여 명이 더 희생되었다. 단종복위운동의 주모자로 지목된 사람만도 사육신 외에 박중림·권자신·김문기·성승 등 17명에 이르고 있으며, 이들은 오랫동안 반역자로 취급되었다.

그러나 마치 정몽주를 살해한 이방원이 태종으로 즉위한 이후 곧이어 정몽주를 만고의 충신으로 치켜세울 수밖에 없었듯, 단종을 위해 절의를 지킨 이들 역시 운명적으로 재평가를 받을 수밖에 없었다. 다만 언제 그러한 평가가 이루어질 것인지 그 시기가 문제였을 뿐이고, 그 시간이 정몽주에 비해 길어졌을 뿐이다. 물론 재야를 비롯한 성종 대 이래 중앙정계로 진출한 사림파에서는 그와 같은 재평가를 기다리는 시간마저도 필요하지 않았다. 훗날 사화의 주요한 계기를 제공했던 김종직의 「조의제문弔義帝文」이나 남효온의 『육신전』은 바로 이러한 시각을 함축하거나 대변하고 있는 것이기도 하다.

특히 이이의 『석담일기』에 따르면, 김종직은 성종 앞에서 '성삼문은 충신'이라고 말했다가 성종의 얼굴색이 바뀌자 "만약 무슨 일이 있으면, 신臣은 전하의 성삼문이 되겠습니다"라는 말로 성삼문에 대한 평가가 이중적일 수 있음을 보여 주었다. 이와 같은 사림파의 시각은 성종 때부터 '육신' 뿐만 아니라, 노산군과 함께 강봉되었던 그의 생모 현덕왕후顯德王后 권씨의 무덤인 소릉昭陵³의 복위를 끊임없이 주장하고 관철시켜 가는 토대가 되었다.

단종이나 사육신과 관련해 이들의 복위를 언급한 최초의 인물은 『육신전』을 쓴 남효온이다. 1478년(성종 9) 4월에 황토비가 내리는 자연재해가 발생하자 성종이 신하들에게 직언을 구하였고, 남효온은 당시 25세의 나이로 장문의 글을 임금에게 올렸다.

이 상소에서 그는 젊은 남녀의 혼인을 제때에 치르도록 할 것과 지방 수령을 신중히 임명하여 민폐를 제거하는 데 힘쓸 것 등 모두 8조목을 제시하면서, 그 가운데 문종의 비이자 단종의 어머니인 현덕왕후의 소릉을 복위해야 한다고 주장하였다. 세조 즉위와 그 과정에서 배출된 훈구공신의 명분을 부정한 그의 주장은 훈구세력의 격렬한 비판을 받았지만, 성종 당시에는 임금의 비호 아래 미친 선비의 말도 안 되는 광언 정도로 치부되면서 그의 주장이 받아들여지지 않는 선에서 무마되었다.

이 문제와 관련해서 본격적인 논의는 중종이 즉위한 뒤에 진

---

3) 현덕왕후와 소릉: 조선 제5대 왕 문종의 비로, 1418년(태종 18)에 태어나 문종이 즉위하기 전인 1441년(세종 23)에 元孫(뒤의 단종)을 낳고 3일 뒤에 죽었다. 본관은 安東으로, 花山府院君 權專의 딸이다. 사망한 후 1441년에 顯德이라는 시호가 내려졌고, 경기도 안산에 예장되었다. 1450년(문종 즉위년) 현덕왕후로 추숭되었으며, 능호는 昭陵으로 지어졌다. 1452년(단종 즉위년) 문종과 합장되면서 顯陵으로 능호가 바뀌었다. 1454년 仁孝順惠의 존호가 추상되었고, 같은 해에 문종의 신주와 함께 종묘에 봉안되었다.
하지만 1457년(세조 3)에 어머니 阿只와 동생 自愼이 단종의 복위를 계획하다가 사형당하고, 아버지 전은 追廢되어 서민이 되었다. 그리고 아들 魯山君이 君으로 降封되면서 종묘에서 신주가 철거되고 평민의 예로 개장되었다. 1513년(중종 8)에 추복되면서 현릉 동쪽에 이장되었고, 신주는 종묘 文宗室에 봉안되었다. 親家도 1699년(숙종 25) 단종의 祔廟와 함께 신원되었다. 소생으로는 단종과 寧陽尉 鄭宗에게 시집간 敬惠公主가 있다.

단종의 제를 올리는 정자각

단종 비각

행되었다. 1512년(중종 7) 경연에서 소세양蘇世讓이 소릉의 복위를 거론한 이래 논의가 계속되다가, 그 이듬해인 1513년(중종 8)에 마침내 복위가 결정되었다. 하지만 성삼문이나 박팽년 등 계유정난과 그 과정에서 사망한 사람들에 대한 복권과 관련된 문제는 중종과 인종·명종·선조 대를 거치며 몇 차례 논의가 이루어졌지만, 여전히 실행되지는 못하였다. 소릉 복위와 달리 사육신의 복권은 세조의 행위와 처분이 직접적으로 부정되는 왕조의 정통성과 관련되어 있어서, 임금의 동의를 쉽게 얻을 수 없었던 것이다.

이후 이 문제가 다시 공식적으로 논의된 것은 효종 대였지만, 여전히 해결 방법을 찾지는 못하였다. 물론 그 이전인 인조 때에도 하위지뿐만 아니라 이맹전까지도 1628년(인조 6)에 건립된 선산의 내격묘(뒤에 월암으로 사액)에 1636년(인조 14) 추가로 배향되기도 하지만, 이러한 움직임은 모두 재야의 비공식적인 움직임이었을 뿐이었다.

사육신의 복권 문제는 1680년(숙종 6) 경신환국⁴을 거치면서 전환점을 맞았다. 허적의 서자인 허견許堅과 종실인 삼복三福(福昌君·福善君·福平君)이 역모를 꾀했다는 '3복의 변'이 발생한 직후, 이선李選이 올린 상소에서 성삼문 등에 대한 복관 문제를 처음으로 제기하였는데, 이것에 대해 숙종은 복관을 허용하지는 않았지만, 재야에서 이들을 추숭하는 것을 금하지 않을 것임을 분명히 하였다. 이들의 충절을 일정 부분 인정하는 우호적인 첫 번째 반

응이었다.

그리고 이듬해인 1681년(숙종 7)에 서인으로 강봉되었던 노산군은 신원伸寃되어서 대군大君에 추봉追封되었고, 10년 뒤인 1691년(숙종 17)에 사육신들은 공식적으로도 모두 복관되었다. 그리고 마침내 1698년(숙종 24) 신규申奎가 여섯 신하는 모두 복관이 되었는데 그들의 임금이 복위되지 못한 채로 있을 수 없다는 점을 지적하며 노산군 복위를 주장하였고, 그것이 계기가 되어 노산군은 다시 왕으로 복위되어 묘호廟號를 단종이라 부르게 되었다. 계유정난과 함께 사육신의 옥사가 일어난 지 246년 만에 마침내 사육신을 포함해서 단종까지 모두 복위하게 되었던 것이다.

---

4) 換局은 정치적 상황을 갑작스럽게 바꾼다는 뜻으로, 조선 숙종 때 3차례 발생했다. 당시 서인과 남인이 정치적으로 대립해 있는 상황에서, 숙종은 왕권의 강화를 위해 일방적으로 집권세력을 교체하였는데, 1차는 1680년(숙종 6)의 庚申換局이고, 2차는 1689년(숙종 15)의 己巳換局이며, 마지막 3차는 1694년(숙종 20)의 甲戌換局이다. 1차 경신환국에서는 서인이 집권했다면, 2차 기사환국에서는 남인이 집권했고, 3차 갑술환국에서는 다시 서인이 집권하였다. 집권세력이 교체되는 과정에서 정치적 보복이 이루어지며 많은 사람이 목숨을 잃었고, 그것은 붕당정치를 더욱 격화시키는 계기가 되었다.

2. 시작된 생육신에 대한 논의

　　이것이 계유정난 이후, 소릉복위를 시작으로 단종이 복위되는 전체적인 과정이다. 그런데 생육신에 대한 주목 역시 단종이 복위되는 과정과 무관하지 않다. 1차로 1513년(중종 8) 현덕왕후의 소릉이 복위되었고, 1681년(숙종 7)에는 서인庶人으로 강봉되어 있던 노산군이 다시 대군으로 추봉되었다. 그리고 뒤를 이어 10년 뒤인 1691년(숙종 17)에 육신이라 불리던 사육신이 공식적으로 복관되었으며, 마지막으로 1698년(숙종 24)에 노산군마저 왕으로 복위되어 마침내 단종이라 불리게 되었다. 250년 가까운 세월이 흘렀지만, 숙종의 왕권강화와 신하들에 대한 충절의 요구가 사육신에 대한 복관과 함께 노산군의 복위로 이어졌던 것이다.

그런데 일은 여기에서 그칠 수 없었다. 죽음으로 절의를 지킨 여섯 신하와 단종의 복위는 살아 있으면서 절의를 지킨 신하들에 대한 논의를 필연적으로 불러 일으켰다. 특히 살아 있으면서 절의를 지킨 경우 대부분 그 후손들이 실재해서, 선조에 대한 포상은 그들에게 정치적이고 사회적인 풍부한 의미를 가졌으므로, 선조의 사적을 발굴하고 기념하기 위한 다각적인 노력이 전개될 수밖에 없었다.

살아서 절의를 지킨 인물들에 대한 이야기는 사육신이 아직 공식적으로 복관되기 전인 1663년(현종 4)에 이미 언급되기 시작하였다. 1663년 윤순거尹舜擧(1596~1668)는 영월군수로 있으면서 노산군의 능지陵志인 『노릉지魯陵志』를 정리하여 간행하였다. 그런데 그 발문 가운데 책의 체제를 설명하는 부분에서 「부록」에 대해 다음과 같이 말한다.

> 『육신전』은 오래되었지만, 김동봉金東峰(김시습)이나 남추강南秋江(남효온)과 같은 여러 사람의 사적은 진정 여기에 함께 기록할 만하다.

단종에게 절의를 지킨 신하를 죽은 몇몇 사람에 한정하지 않고, 김시습이나 남효온과 같이 살아서 절의를 지킨 사람도 포함할 수 있다고 말하는 것이다. 그리고 실제로 「부록」에서는 사육신 외에 정보 · 김시습 · 남효온 · 이맹전 · 원호 · 권절과 같은 여섯 사람의 사적을 수록하고 있다.

그리고 단종이 복위된 그 이듬해인 1699년(숙종 25) 2월, 단종 복위와 함께 여러 후속 조치를 논의하는 자리에서, 최초로 사육신 이외에 살아서 절의를 지킨 인물들의 이름이 공식적으로 거론되었다. 그 자리에서 최석정崔錫鼎은 원호와 김시습의 사적을 소개하면서 다음과 같이 말하고 있다.

> 듣건대 원호는 문종조에 벼슬하여 직제학을 지냈는데, 단종 초년에 원주에 퇴거했다가 단종이 승하하자 영월로 들어가 삼년상을 입었다고 합니다. 세조 때에 특별히 호조참의에 제수하고 거듭 불렀으나 나아가지 않았다고 하니, 칭찬하고 널리 알려서 격려하는 도가 있어야 합니다. 그리고 사인 김시습은 세조 때부터 승려가 되어 세상을 피했다가 도중에 환속하여 아내를 얻었으나 자손이 없습니다. 그의 문장과 절행이 우뚝하여 숭상할 만하니 증직贈職하고 사제賜祭해야 합니다.(『숙종실록』 33권, 25년 2월 10일 경술)

이와 같은 최석정의 건의를 숙종이 받아들여 곧바로 원호에 대한 정려가 이루어지고, 김시습은 집의執義에 추증되었다. 이것이 계기가 되어 그 뒤를 이어 4월에는 정보鄭保, 6월에는 남효온이 추천되었다. 그리고 1701년(숙종 27) 1월에는 조려에 대해 포상할 것을 요청하는 상소가 있었고, 1702년(숙종 28)에는 권절에 대한 포상 등을 요청하는 상소가 있었다. 해를 넘겨 1703년(숙종 29) 10월에는 곽억령郭億齡 등이 원호·김시습·남효온·이맹전·성담수를 조려의 사당이 있는 함안에 함께 제향할 수 있도록 허락해 줄 것을 요청하였는데, 이때의 언급에서 현재의 생육신과 동일한 구성원이 처음으로 나타나고 있다. 그 내용을 살펴보면 다음과 같다.

경상도 유학幼學 곽억령郭億齡 등이 상소하기를, "삼가 생각하건대, 세상을 격려하는 도리는 절의節義를 숭상하는 것보다 앞서는 것이 없고, 절의를 숭상하는 것은 보사報祀를 숭상하는 일보다 큰 것이 없습니다. 삼가 생각하건대, 경태景泰 연간에 진사進士 신臣 조려趙旅가 함안咸安 땅에서 자취를 감추어 숨어 살았고, 그 지방에서 지조志操를 지키다가 죽었는데, 또 거기에 이른바 백이산伯夷山이란 것이 있습니다. 아! 조려의 절개가 고죽군孤竹君에 양보할 것이 없고, 이 산의 명칭이 우주를 초월해 서로 부합되므로, 마침내 온 도내道內의 장보章甫들과 서로 모의하여 그의 영혼을 편히 모시고 그 절의節義를 제사 지낼 것을 생각하였습니다. 조금 뒤에 서로 의논하기를 단종께서 손위遜位하던 날 죽음으로 절개를 온전히 한 이로는 성삼문成三問·박팽년朴彭年·이개李塏·하위지河緯地·유성원柳誠源·유응부兪應浮 6신六臣이 있고, 살아 있으면서 의리를 지킨 이로는 원호元昊·김시습金時習·이맹전·성담수成聃壽·남효온南孝溫 및 조려趙旅 여섯 명이 있는데, 저 성삼문·박팽년 등 육신은 무덤을 한곳에 만들고 사당도 한곳에 만들어 제향하고 있으니, 이 여섯 명도 또한 마땅히 그들의 예에 따라서 모두 제사하도록 해야만 하였습니다. 그러나 조정에서는 새로 사당을 세우는 일을 금하였으므로, 감히 곧장 마음대로 시행할 수가 없어 이에 감히 두려워 앞으로 나아가지 못하고 우러러 간청합니다. 이 여섯 명의 사적事跡의 전말은 고故 장령掌令 신臣 윤순거尹舜擧가 편찬한 『노릉지魯陵誌』에 자세히 기재되어 있는데, 근년에 장릉莊陵이 복위復位되던 날 성명聖明께서도 일찍이 명하시고 보셨습니다. 그런데 이 여섯 명의 특출한 지조와 고고孤高한 절개는 진실로 성삼문·박팽년 등 여러 신하들과 서로 비슷하여 우열優劣이 없는데, 사생死生의 차이 때문에 그 보답을 다르게 할 수는 없습니다. 하물며 단종대왕은 보위寶位를 추복追復하였고, 성삼문·박팽년 등 여러 신하들도 묘정廟庭에 배향하는데, 유독 함께 충절을 지킨 이로서 배향을 받지 못한다면 충절에 보답하는 도리에 어떠하겠습니까? 또한 성삼문·박팽년 등 여러 신하들은 본래 동향인同鄕人이 아닌데, 그 중 박팽년이 대구大丘 사람인 관계로 거기에 사당을 세우고 모두 같이 제사를 지냅니다. 지금 조려趙旅는 함안咸安 사람이니 바로 그곳에 두어 칸의 사당을 지어 여섯 분을 함께 제향한다면, 새로 만드는 규정에 해당되는 것도 아닐 것입니다. 더구나 이른바 백이伯夷란 그 이름이 옛 시대와 부합하여 천 길 높이 우뚝 서서 여섯 신하의 절개와 함께 영원히 보존될 것입니다. 그러니 이곳에 조려趙旅의 사당을 세우지 않을 수 없고, 이 사당에 여섯 신하를 모시어 제향하지 않을 수 없음이 이미 자명합니다. 삼가 바라건대 전하께서는 조령條令에 구애되지 마시고 특별히 윤허하시는 비지批旨를 내리시어 이 밝은 시대의 훌륭한 은전에 모자람이 없게 하소서. 그리하여 열사烈士의 영령英靈이 의지하여 돌아갈 곳이 있도록 한다면 아름다운 처사가 아니겠습니까?' 하니, 예조에 내리라고 명하였다.(『숙종실록』, 29년 계미[1703] 10월 13일 을유)

이와 같이 곽억령의 상소에서는 함안에 조려를 포함한 생육신을 제향하는 사당을 세울 수 있도록 허가해 줄 것을 청하면서, 그 정당성을 백이산이라는 지명까지 연결해 언급하고 있다. 이처럼 숙종 대의 사육신과 단종의 복위를 계기로 원호와 김시습이 가장 먼저 포상되어 각각 정려와 함께 증직되었고, 이어 정보가 이조참의, 조여와 권절이 이조참판과 이조판서에 추증되었다. 하지만 남효온에 대한 증직은 실현되지 못하였고, 이맹전과 성담수에 대한 개별적인 논의는 아직 전개되지 않으면서도, 『노릉지』
나 곽억령의 상소 등에서 언급되고 있다는 점은 주목된다.

3. 생육신의 한 사람 이맹전

이맹전의 이름이 다시 거론된 것은 생육신 등에 대한 포상
문제가 거의 논의되지 않았던 영조 대를 지나고, 정조가 즉위한
뒤였다. 『승정원일기』 정조 5년(1781) 9월 21일자에는 다음과 같
이 기록되어 있다.

(영의정 徐命善이 아뢰기를) "고故 이조판서 민신閔伸은 순절
殉節하였는데 아직도 소설昭雪되지 않고 있으니 특별히 복관復
官을 허락하고 이어 시호諡號를 내리게 하소서. 고故 정언 이
맹전은 특별히 우뚝한 절개가 있으니 증직贈職하고 시호를 내
리소서. 고故 의주부윤 이완李莞은 훈업勳業과 절의節義가 있

으니 의당 역명易名의 은전恩典을 내려야 합니다"라고 하니, 그대로 따랐다.

1781년(정조 5) 9월 21일 이렇게 서명선이 이맹전에게 시호를 내릴 것을 건의해 허락을 받았지만, 정간靖簡이란 시호가 내려진 것은 그 이듬해인 정조 6년 10월 5일이었다. 이렇게 늦어진 것은 까닭이 있다. 『일성록』의 기록에 따르면, 이맹전에게 내려질 시호는 그해 11월 20일에 이미 정해졌다. 『일성록』의 정조 5년(1781) 11월 20일(무오)에 다음과 같이 기록되어 있다.

> 증贈 이조판서 임유후任有後에게 정희貞僖를, 조려趙旅에게 정절貞節을, 김운택金雲澤에게 충민忠敏을, 채이항蔡以恒에게 경헌景憲을, 이맹전李孟專에게 정목貞穆을, 조성복趙聖復과 홍계적洪啓廸에게 아울러 충간忠簡을, 증 좌찬성 김언金琂에게 민숙愍肅을, 이희건李希建에게 장렬壯烈을, 이홍술李弘述에게 충정忠定을, 졸卒한 영창군瀛昌君 이침李沉에게 정희靖僖를, 졸한 지중추부사 심성진沈星鎭에게 정혜貞惠를, 졸한 이조판서 이만성李晩成에게 충숙忠肅을, 권혁權爀에게 정간靖簡을, 증 병조판서 이종장李宗張에게 무강武剛을, 이완李完에게 강민剛愍을, 졸한 공조판서 이성룡李聖龍에게 혜정惠靖을, 졸한 여산군礪山君 이방李昉에게 정민貞敏을, 졸한 영제군寧堤君 이석령李錫齡에

게 영희榮僖를, 졸한 판돈녕부사 어유룡魚有龍에게 정헌靖憲을
증시贈諡하였다.

이 기록에 따르면, 조려 등과 함께 이맹전에게 정목貞穆이라
는 시호가 내려지는 것으로 정해졌다. 그런데 이렇게 정해진 이
맹전의 시호에는 문제가 있었다. 어떤 문제가 있었는지는 그다
음 날인 『일성록』의 같은 해 11월 21일자의 다음과 같은 기록에
서 확인된다.

"신이 삼가 내리신 전교를 보니, 시장諡狀을 잘못 쓰고 공경심
이 부족하다는 이유로 예조 판서와 봉상시정을 파직하라는 명
이 있었습니다. 신이 빈대賓對에 나아가는 길에 황급히 개좌하
다 보니 허다한 시장을 모두 다 열람할 겨를이 없어서 이렇게
크게 살피지 못한 잘못이 있게 되었습니다. 당초에 대조하는
것은 소관 관사가 있지만 끝에 가서 마감磨勘하는 것은 실로
정부의 일에 속합니다. 같은 죄를 지었는데 벌이 다르니 어찌
신의 마음이 편안하겠습니까. 삼가 바라건대 위명威命을 내리
시어 신이 사리에 어두워 일을 그르친 죄를 엄히 감처하소서.
신이 시망諡望에 대해서 또 제대로 살펴서 관리하지 못한 점이
있습니다. 증贈 판서 이맹전李孟專의 시호의 말망末望은 바로
인현왕후仁顯王后의 휘호徽號이고, 김운택金雲澤의 시호의 부

망副望은 국계國系의 11세世의 휘諱와 같은 글자였는데, 단지 신의 정신이 가물거리는 탓으로 미처 바로잡지 못하였기에 바야흐로 엄한 견책譴責을 기다리고 있습니다. 그리고 두 신하의 시호는 모두 본관本館으로 하여금 다시 의정議定하게 하지 않을 수 없습니다"라고 하였는데, 비답하기를, "두 신하의 시망을 하나는 휘자로 의망해 들이고 하나는 휘호 글자로 의망해 들여 낙점을 받는 지경에 이르렀으니, 당초에 관관館官이 까마득히 살피지 못한 것이 어찌 단지 꼼꼼하지 못한 것일 뿐이겠는가. 일이 전에 없던 것이니 엄한 견책을 시행해야 한다. 좌기坐起에 참석했던 관관을 모두 사판仕版에서 삭제하여 사체를 보존하고, 원망통原望筒은 정원으로 하여금 가져와 속히 세초洗草하게 하라. 경이 사피辭避한 일로 말하자면 전혀 뜻밖이다. 공무에 나가는 것이 시급하지 않았다 하더라도 어찌 굳이 서사庶司의 직책을 대신 행하였겠는가. 안심하고 사직하지 말라"라고 하고, 이어 사관을 보내 전유傳諭하라고 명하였다.

앞의 내용에서 보자면 김운택의 '충민忠敏'과 이맹전의 '정목貞穆'이라는 시호가 결정되는 과정에서 문제가 있었던 것으로 보인다. 당시 관원을 임명하거나 시호諡號·능호陵號·전호殿號 등을 정할 때 3배수를 국왕에게 올렸다. 그 셋 중에서 합당하다고 생각되는 것을 수망首望, 그다음 두 번째 것을 차망次望 혹은 부망副望, 세 번째 것을 말망末望이라 불렀다. 보통은 임금이 이 셋 가운데 하나, 곧 수망을 선택하여 낙점하게 된다.

그런데 이맹전의 세 번째 후보 시호가 인현왕후의 휘호와 겹쳤고, 김운택의 두 번째 후보 시호는 국계國系의 11세世의 휘諱와 같은 글자를 사용했던 것이다. 국계는 국왕의 계보로 11세는 중종(재위 1506~1544)을 가리키는데, 이름은 역懌이다. 이미 사망한 국왕이나 왕비이지만 그 이름자를 시호로 사용할 수 없었던 것이다. 이런 이유로 몇몇 사람이 파직되는 일을 겪은 뒤, 그 이듬해 10월에서야 겨우 다시 시호가 내려지게 되었다.

이렇게 이맹전에게 시호가 내려진 이후 다시 생육신에 대한 포상 건의가 활발하게 전개되었다. 그렇지만 이때까지도 '생육신'이라는 용어는 몇몇 개인의 문집에서나 확인될 뿐, 조정의 공식적인 문서에서는 거론되지 않았다. 생육신의 구성 역시 자료에 따라 다른 사람으로 구성되었다.

이처럼 사육신의 경우 남효온이 『육신전』에서 열거하고 있는 여섯 신하를 기준으로 비교적 쉽게 합의된 것이라면, 생육신의 경우에는 보다 복잡한 정치적인 혹은 지역적인 관계 속에서 확정되어졌다. 그리고 최종적으로 함안의 서산서원에 제향된 여섯 사람이 하나로 묶여 국가적인 포상, 곧 정조에 의해 이들 모두가 이조판서로 추증되는 것이 생육신의 범위가 확정되는 데 중요한 작용을 한 것으로 보인다. 그리고 이렇게 '생육신'이라는 명칭이 확정됨으로써 그동안 '육신'으로 지칭되었던 이들은 '사육신'이라는 이름으로 구분되었다. 이렇게 생육신의 범위가 확정되면서, 사육신과 대비되는 생육신의 위상 역시 제고되었는데, 그것은 이헌경의 「경은선생유사서」의 다음과 같은 구절에서도 확인된다.

> 세상에서 절의에 대해 이야기하는 사람들이 생육신生六臣과 사육신死六臣을 구별하여, 누가 더 어렵고, 누가 더 쉽다고 말하는 것은 아주 옳지 못하다. 은나라에 삼인三仁이 있었는데, 작록爵祿을 사양한 사람과 칼날을 밟은 사람에 대해 우리들이 누가 더 어렵고 누가 더 쉽다고 말할 수 있겠는가? 지난 세조가 즉위한 을해乙亥년 이후, 성삼문, 박팽년 같은 사육신 등은 집현전에 있을 때 단종을 도와달라는 부탁을 문종에게 받았기 때문에 벼슬하지 않고 죽는 것이 당연한 것이나 경은耕隱 이선생李先生이나 매월당梅月堂 같은 생육신 등은 무엇 때문에 벼슬하지 못하는 의義가 있어서 맹인과 귀머거리를 핑계하거나, 거짓 미치광이가 되어 종신토록 자취를 감추고 세상에 나오지 않았을까? 맹인과 귀머거리로 병을 핑계한 사람이 옛날에도 혹 있었으나 이선생李先生이 병을 핑계한 지 30년 동안이나 처자와 집안사람들은 그것이 참이 아니라는 것을 깨닫지 못하였으니, 그 마음 쓴 간절함과 의를 지키는 군건함을 잠깐 동안 몸

을 바쳐 인을 이룬 사람에 비유하며 과연 누가 더 어렵고 누가
더 쉽다고 말할 수 있겠는가? 어렵고 쉬운 것은 말하지 않더라
도 만약 따로 분별하려고 한다면 그것이 어떻게 옳은 일이겠
는가? 선생이 처한 의는 성삼문이나 박팽년 등과는 다르지만,
정도正道를 지키는 절의節義는 성삼문이나 박팽년 등과 같다.
세상 사람들과는 쉽게 말할 수도 없고, 또 세상 사람들에게는
알리는 것도 어려워서, 손님과 벗이 찾아와도 거절하며 "수양
하기 때문이다"라고 말하였고, 초하룻날 아침에는 늘 해 뜨는
동쪽을 향해 절하면서 "기도하기 위해서이다"라고 말하였다.
오직 김숙자 선생과는 도의道義로 서로 사귀었는데, 점필재는
친구의 아들로 침상 아래에서 문안하면 이야기가 반드시 날이
저물도록 즐겨하니, 그 당시 선생의 마음을 아는 사람은 오직
점필재 부자父子뿐이었고, 후세에 선생의 절의를 비교할 이는
또한 오직 성삼문, 박팽년 등이었다.

이헌경은 여기에서 "작록爵祿을 사양한 사람과 칼날을 밟은
사람에 대해 우리들이 누가 더 어렵고 누가 더 쉽다고 말할 수 있
겠는가?"라고 말한다. 이와 같은 이헌경의 말에서 당시에 생육신
과 사육신을 구분하려는 시각이 있었음을 확인할 수 있다. 하지
만 그는 어떤 이는 죽었고 또 어떤 이는 살았으나 그것은 단지 그
처한 상황이 각기 달랐기 때문이었고, 단종에게 바친 절의에 있

어서는 사육신이나 생육신이 모두 한가지라는 것을 강조하고 있
다. 생육신의 위상이 사육신에 버금갈 만큼 제고되는 모습이다.

　　그리고 장릉에 배식단을 세우고 추향할 사람을 정하는 과정
을 서술한 『정조실록』 1791년(정조 15) 2월 21일자 기록에서는 다
음과 같은 최현의 「이맹전전」 구절을 인용하고 있다.

　　　고 감사 최현崔晛이 지은 「이맹전전李孟專傳」에는 "경태景泰
　　　갑술년 즈음에 시사가 크게 변하자, 소경과 귀머거리로 행세
　　　하면서 친한 벗들을 사절하고, 매월 초하루에는 항상 아침 해

를 향해 절을 하며 내 병이 낫기를 빈다고 말했는데, 집안사람 들도 그 속마음을 헤아리지 못했다"라고 하였다.

이것은 이맹전이 다시 사람들의 주목을 받으며 국왕이 주관 하는 의식에 이름을 올리고 생육신으로 거듭날 수 있었던 것은 외현손인 최현의 노력이 있었기에 가능했다는 것을 시사해 보여 준다. 그리고 이맹전은 바로 이와 같은 이들의 노력에 의해서 죽 은 후 약 300년이 지나서야 생육신의 한 사람으로 당당하게 자리 잡고 기억될 수 있었다.

제3장 이맹전의 시와 영남사림의 절의정신

앞에서 우리는 이맹전이 살아 있을 때의 모습과 사망한 이후 그가 생육신으로 자리 잡는 과정을 각각 살펴보았다. 이제는 그가 남긴 문학작품들을 통해 그의 학문적 지향이나 삶의 방향을 읽어 보고, 영남사림파 혹은 영남학맥에서 그의 좌표를 확인해 보자.

　　사실상 몇 수 되지 않는 이맹전의 시를 포함해 그와 관련된 모든 자료는 후손 이인백李仁伯이 편집한 『경은선생실기』에 수록되어 있다. 3권 1책으로 구성된 『경은선생실기』는 1816년(순조 16)에 편집, 간행되었다. 권두에 이헌경李獻慶의 서문과 권말에 유심춘柳尋春·신면주申冕周의 발문이 있다. 권1은 「일고逸稿」로 이맹전이 남긴 것으로 전해지는 시 7수가 실려 있고, 권2는 부록으로 「행장」·「묘갈명」·「청증시상언請贈諡上言」·「이조회계吏曹回啓」·「대신연주大臣筵奏」·「증직교지贈職教旨」·「선산월암서원봉안문善山月巖書院奉安文」·「상향축문常享祝文」·「사제문賜祭文」·「함안사림청건원소咸安士林請建院疏」·「예조회계禮曹回啓」·「서산서원봉안문西山書院奉安文」·「청액소請額疏」·「예조회계」·「용계사봉안문龍溪祠奉安文」이 실려 있다. 마지막 권3은 「척유록摭遺錄」으로 『장릉지莊陵誌』·『해동명신전』 등의 여러 문헌에서 이맹전과 관련된 내용을 발췌하여 묶은 14종의 참고자료로 구성되어 있다.

이와 같이 『경은선생실기』의 구성에서 확인되듯, 현재 전하고 있는 이맹전의 문학작품은 바로 이 『경은선생실기』에 수록되어 있는 시 7수가 전부이다. 이헌경이 쓴 「경은이선생유사서耕隱李先生遺事序」에서도 이 점에 대해 다음과 같이 언급하고 있다.

그런데 선생의 유고遺稿는 난리 때문에 잃어버렸는데, 선생의 후손 유룡猶龍이 그 남은 몇 편을 모아서 부록과 겸하여 한 책을 만든 후, 못난 나에게 서문을 청하였다. 그 안색을 보니 편집한 글이 너무 적은 것을 한스러워하였다. 그래서 나는 "슬퍼하지 마라. 어진 분을 사모하며 그리워하는 사람은 반드시 그분이 키가 큰지 작은지, 살이 쪘는지 여위었는지, 마음에 무엇을 좋아하는지를 묻는데, 비록 어른의 말씀이 적다고 보배처럼 소중히 여기지 않겠는가? 그 소리만 있고 가사가 없는 것도 『시경』에는 빠뜨리지 않았는데, 시가 있는데도 불구하고 많지 않은 것이 천고千古에 부족하겠는가?"라고 말하였다.

이맹전의 후손인 이유룡이 집안에 남아 있던 몇 수의 시와 관련 자료를 부록으로 모아 편집한 후 난감한 모습으로 이헌경에게 서문을 부탁했을 때의 상황이 머릿속에 그려진다. 그러나 이헌경은 글의 많고 적음이 이맹전을 절의를 기념하고 추모하는 것에 아무런 상관이 없음을 분명한 어조로 전하고 있다.

1. 이맹전이 남긴 시

　사실 이맹전의 시를 수록하고 있는 책은 2종이다. 『경은일고』와 『경은선생실기』가 그것이다. 조려의 후손인 조인영이 편집하여 간행한 『생육신문집』에 수록된 『경은일고』는 대체로 1788년을 전후해서 간행된 것으로 추측된다. 그런데 이 『경은일고』에는 「독서讀書」·「한풍寒風」·「잠부蠶婦」·「증정비안중건贈鄭比安仲虔」·「술회述懷」·「독한사讀漢史」 등 모두 6수의 시가 실려 있는 반면에, 『경은선생실기』에는 이 6수 외에 「남신점南新店」 1수가 더 추가되어 모두 7수가 수록되어 있다. 뿐만 아니라 앞에서 살펴본 대로 이맹전과 관련된 다양한 자료들을 모아 편집한 차이점을 보여 준다. 이 점에서 1816년에 간행된 『경은선생실기』는 앞서 간행된『경은일고』에 하나의 작품을 더하고, 또 다른 여러 자료들을 모아 편집 간행했을 가능성이 높다.

그런데『경은선생실기』에 실려 있는 7수의 시를 중심으로 이맹전의 시와 문학적 지향 등을 살펴보기 전에 먼저 해결해야 할 문제가 있다. 그것은 이맹전의 시라고 알려져 있는 7수 가운데「독서」・「잠부」・「독한사」・「남신점」의 4수가 목은牧隱 이색 李穡(1328~1396)의『목은시고牧隱詩藁』에도 실려 있어서, 이것을 누구의 작품으로 볼 것인지를 먼저 확정해야 하는 것이다. 「남신점」은『목은시고』권2에, 「독서」와「독한사」는 권7에, 「잠부」는 권22에 각각 실려 있다.

물론『목은시고』에 실려 있다고 해서 이 시들이 이맹전이 지은 시가 아니라고 성급하게 단정하기는 어렵다. 그렇지만『경은선생실기』가 18세기 후반에서야 편집 간행되었다면, 『목은시고』의 간행연도는 이보다 훨씬 더 이르다. 『목은시고』는 이맹전이 10여 세가 되던 1404년(태종 4)에 처음 이종신이 간행하였고, 후대에 가장 널리 사용된 판본조차 1626년 이색의 10대손인 이덕수가 전라도 순천에서 목판으로 간행하였다. 뿐만 아니라 서거정이 편찬한『동문선』에「독한사」와「남신점」이 모두 이색의 작품으로 수록되어 있다. 이와 같은 몇 가지 사실에 근거해 보자면, 아무래도 이 4수의 시가 이맹전의 작품이라고 보기는 어려울 것 같다.

    그동안 이맹전의 작품으로 알려진, 『경은선생실기』에도 실려 있는 7수의 시 가운데 이색의 작품이라고 판단되는 4수를 제외하고 나면, 진정 이맹전이 지은 것이라고 생각되는 시는 「증정비안중건」·「한풍」·「술회」의 3수에 불과하다. 더욱이 이 가운데 「술회」는 겨우 두 구절만 전해질 뿐이다. 너무나 제한적이어서 이 몇 수의 시를 통해 이맹전의 생각이나 지향을 충분히 확인하는 것은 기대하기 어렵다고 생각된다. 그렇지만 비록 적은 수에 불과하더라도, 시에는 분명 이맹전 본인의 생각이나 그가 추구한 삶, 그 지향이 담겨져 있다고 생각된다. 이제 각각의 시에서 이맹전의 삶과 그 지향이 어떻게 드러나고 있는지 확인해 보자.

    먼저 '비안현감을 지낸 정중건에게 주는 시' 라는 뜻을 가진 「증정비안중건贈鄭比安仲虔」이라는 제목의 시부터 살펴보자. 정중건은 앞에서 잠시 살펴본 대로 김일손의 전 외조부로, 집현전전한集賢殿典翰으로 있다가 계유정난이 일어나자 외직인 비안현감比安縣監을 자청해 나갔지만, 곧 사직하고 이맹전과 같은 선산에 은거한 사람이다. 그런데 이 시에서도 보이듯, 이맹전과 정중건은 적지 않은 나이 차이에도 불구하고 뜻을 같이하는 동지의식을 가지고 서로 깊이 교류한 것으로 보인다.

    그대 집 옆 맑은 냇가 꿈속에서 수없이 거닐다가
    꿈을 깨어 등불 밝히면 내 집이라네.

슬프다 음성과 모습 지척이어도 갈 수 없으니
다만 늙고 병드는 것이 날마다 더해지기 때문이리라.
宅邊淸澗夢行多　　俄覺燈明在我家
怊悵音容違咫尺　　只因衰病日來加

　　현실에서는 가지 못하지만, 꿈속에서 늘 가고 있는 곳은 바
로 정중건의 집이다. 두 사람이 얼마나 가깝게 지냈는지를 확인
할 수 있는 대목이다. 그런데 이렇게 지척에 있으면서도 만나지
못하는 것은 바로 나날이 늙고 병들어 가기 때문이라고 말한다.
시의 제목처럼 이맹전이 이 시를 정중건에게 보내자, 정중건은
다시 다음과 같은 「차이정언맹전운次李正言孟專韻」, 곧 「정언 이맹
전의 시에 차운함」이라는 제목의 시를 지어 화답하였다.

　　늙고 병든 몸으로 보낸 세월 놀랍게도 적잖은데
　　이 누추한 집을 그 누가 다시 찾아주랴.
　　홀연히 책상 위에서 바람과 우레 일어나는 듯
　　글 짓는 솜씨 여전한데 달과 이슬을 더했구려.
老病偏驚歲月多　　席門誰復問貧家
忽然床上風雷動　　手跡依然月露加

앞선 이맹전의 시가 늙고 병든 것으로 이야기를 끝냈으니,

정중건의 시 역시 같은 소재에서 시작한다. 자신도 이미 늙고 병
든 지 오래되어, 늙은이가 살고 있는 이 집을 누가 찾아 줄 것이
라 기대하지 않았는데, 밤마다 꿈속이나마 찾아오고, 또 홀연히
지우로부터 편지와 시 한 수가 도착하는 모습을 책상 위에서 바
람과 우레가 진동하는 것으로 표현하고 있다. 필적이나 글솜씨
는 여전할 뿐만 아니라, 여기에 달밤에 내린 이슬 같은 맑은 기운
이 더해졌다고 노래하고 있는 것이다.

이렇게 이맹전의 시에 대해 정중건이 화답하자, 이제는 정중
건의 외손자인 김일손이 이맹전과 정중건의 시에 화답한 「봉화
이경은급정어은奉和李耕隱及鄭漁隱(仲虔)」, 곧 「이경은 선생과 정어
은 선생의 시에 화답하여 올림」이라는 제목의 시를 남겼다. 그
내용은 다음과 같다.

두 기러기 한 번 움직여 많은 주살 피하였고   雙鴻一拳避繒多
계남溪南과 계북溪北에 처사가 계시는데.   溪北溪南處士家
나그네는 말하지 마라 우하의 태평성세를   客至莫言虞夏事
시끄러운 세상소리 귓가에 보태지도 못하리.   塵囂不敢耳邊加

벼슬에서 물러나는 것을 통해 화를 면한 이맹전과 정중건을
두 기러기에 비유하였다. 그리고 이들 두 처사가 선산의 낙동강
남쪽과 북쪽에 살고 있는데, 이들에게는 이제 태평성세의 옛일

도, 시끄러운 세상일도 귀에 들리지 않고, 또 그것으로 마음이 흔들리지도 않게 되었음을 노래하고 있다.

처음 이맹전이 정중건에게 한 편의 시를 보내고, 그것에 화답해서 정중건이 다시 한 편의 시를 쓰자, 이것을 지켜본 후학 김일손이 다시 한 편의 시로 화답하는 모습이다. 시의 내용에서는 특별하게 주목할 것이 없다고 하더라도, 스승 김종직이 지은 「조의제문」을 사초에 기록했던 김일손의 곧은 정신을 계유정난 이후 벼슬을 버리고 은거한 두 사람과 의기투합하는 모습에서 발견하게 된다. 결국 이들은 서로에게서 자신의 모습을 보고 있었던 셈이다. 이 점은 다음과 같은 김일손에게 주는 이맹전의 두 번째 시에서 더욱 뚜렷하게 확인된다.

이맹전이 직접 김일손에게 지어 준 시는 「한풍」이다. 이 시의 제목이 『삼인선생사적』에 실려 있는 『경은선생실기』에는 「한풍답탁영일손寒風答濯纓馹孫」으로 표기되어 있는데, 앞에서와 마찬가지로 이맹전이 87세 때에 15세의 김일손을 만난 후 지은 것으로 추측된다.

찬바람이 서북에서 불어오니   寒風西北來
나그네는 고향생각이 간절하다.   客子思故鄕
슬픔에 젖어 긴긴밤 함께 지새우는데   悄然共夜長
등잔불은 침상 가에서 가물거리네.   燈火搖我床

옛사람의 도의道義 멀어진 지 오래라	古道已云遠
다만 보이는 것은 떠다니는 구름뿐.	但見浮雲翔
아! 슬프다 뜰아래 선 소나무여	悲哉庭下松
해 저무는 시절에 더욱 푸르네.	歲晩愈蒼蒼
바라노니 교의를 돈독히 해서	願言篤交誼
금옥金玉같은 그 모습 잘 보전하게나.	善保金玉相

　이 시는 5언 10구의 고체시 형태로 구성되어 있다. 김일손이 이맹전을 찾아온 것은 1478년 음력 9월이다. 15세 어린 나이에 성균관에 입학한 지우 정중건의 외손자에 대한 그의 각별한 정을 느끼게 하는 시이기도 하다. 김일손이 이맹전을 찾은 음력 9월은 찬바람이 불기 시작할 때이기도 하지만, 계유정난 이후 이맹전이 은거해 살아온 시간들이 바로 서북에서 찬바람이 불어오는 그런 시간들이었으리라 여겨진다. 그리고 더욱 깊어지는 고향에 대한 생각은 곧 비극적인 사건들이 일어나지 않았던 원래 모습에 대한 그리움으로 이해된다.

　이어진 구절에서는 슬픔에 젖어 긴 밤 같은 시간을 함께 지내지만, 그나마 세상을 밝히는 등불은 언제 꺼질지 모르게 가물거리고 있는 상황을 노래하고 있다. 그리고 그다음 구절에서는 옛사람의 도의는 이미 멀어져 버렸고, 뜬구름 같은 인생사만 남아 있는 현실의 모습을 그리고 있다.

찬바람이 부는 시간 속에서, 깊은 슬픔에 젖어 있고, 세상을 밝히는 등불은 언제 꺼질지 모르는 그런 상황, 그리고 옛사람의 도의는 이미 멀어져 버린 현실 속에서, 뜰아래 성장한 소나무 한 그루는 김일손을 가리키는 것으로 이해된다. 그리고 세상이 어지러울수록 소나무는 더욱 푸르듯, 김일손에게 금 같고 옥 같은 모습을 잘 간직하길 당부하고 있는 것이다. 『논어』 「자한子罕」편에서 공자 역시 "날이 추운 뒤에야 소나무와 잣나무의 시들지 않음을 알 수 있다"라고 하였다. 어려운 상황 속에서 사람의 본래 모습이 드러난다는 뜻이기도 하다. 결코 순탄한 길일 수 없는 김일손의 미래에 대한 염려와 함께, 그 마음을 잘 간직하길 바라는 이맹전의 염원을 읽을 수 있다.

이맹전의 세 번째 시인 「술회述懷」 역시 김일손과 깊은 인연이 있다. 이 시는 현재 앞의 두 구절만 전하고 있는데, 그 내용은 다음과 같다.

눈이 캄캄 안 보이고 귀 또한 못 들으니	眼欲昏昏耳欲聾
듣고 보는 것이 밝지 못하여 바보와 같구나.	見聞無敏與癡同
(이하 결)	

63세에 벼슬에서 물러나 89세에 사망할 때까지 약 26년을 이맹전은 눈멀고 귀먹었다 핑계하며 지냈다. 부인을 비롯한 집

안사람들조차도 그가 실제로 귀먹고 눈먼 줄 알았다. 그 시대를 그는 바보가 되어야만 살아갈 수 있었던 것이다. 그런데 김일손은 이 시에 대해서도 화답한 한 편의 시를 남기고 있다. 「경은 이맹전 선생의 시에 삼가 화답하여 드림」(謹和呈耕隱李先生)이라는 시가 바로 그것이다. 7언절구로, 성聾·동同·중中을 운으로 하기에 뒤의 2구가 없어졌음을 알 수 있다.

선생께서 은둔하여 듣고 보지 않으신 뜻을	先生韜晦久盲聾
제가 어떻게 알아서 함께하겠습니까만.	小子何知意欲同
밤마다 두견새가 울어대며 끝이질 않는데	夜夜子規啼不盡
구의산에는 달빛 비춰 더욱 환하겠지요.	九疑山色月明中

두견새는 슬픔을 상징하는 새로, 자규子規나 귀촉도라 부르기도 한다. 촉나라의 임금 두우杜宇는 신하 별령鱉靈에게 왕위를 내주고 서산西山에 은신하여 망제望帝라고 불렸다. 두견새는 그가 슬피 울다가 죽어서 새가 되었다거나, 끝내 촉나라로 돌아가지 못하고 죽었다는 전설 속의 새이다. 끝내 궁궐로 돌아가지 못하고 영월에서 죽은 단종이 떠오르는 대목이다. 그런 의미에서 이 시에서 말하는 두견새는 단종을 상징한다고 이해할 수도 있을 것이다. 앞 구절에서 "어떻게 알아서 함께하겠습니까"라고 말하고 있지만, 이미 모든 것을 다 알고 있을 뿐만 아니라, 그 뜻을 함께

하겠다는 뜻으로 들린다. 마지막 구절의 '구의산'은 순舜임금의 무덤이 있는 산으로, 순임금이 다스리던 태평시대에 대한 그리움과 함께 계유정난의 상황을 이중적으로 표현한다고 이해된다.

앞에서 살펴봤듯, 이맹전의 작품으로 확인되는 시 3수, 곧 「증정비안중건」·「한풍」·「술회」 3수는 모두 공교롭게도 김일손과 깊이 관련되어 있다. 15살의 김일손이 전 외조부인 정중건을 찾아뵈었을 때, 외조부의 지우인 이맹전과의 만남은 자연스럽게 이루어졌을 것이라 짐작된다. 그리고 지우의 영기발랄한 어린 손자에게 미래를 기약해 보는 이맹전의 모습과 함께, 어린 나이에도 불구하고 이미 이맹전의 정신과 뜻을 헤아리는 김일손의 모습을 발견할 수 있다. 이 외에 김종직이 이맹전의 시에 차운하여 화답한 「화이정언和李正言」과 「차이정언운次李正言韻」 두 수의 시를 남기고 있지만, 정작 이맹전이 김종직에게 화답한 시는 전해지지 않는다.

2. 이맹전이 애송한 시

　앞에서 이미 언급하였지만, 『경은선생실기』에 실려 있는 7수의 시 가운데 4수는 이맹전이 아니라 이색의 작품으로 이해하는 것이 합리적이라 생각된다. 그럼에도 불구하고 이 4수의 시는 더 이상 돌아볼 필요가 없다고 던져 버리기에는 아쉬움이 크다. 이맹전을 이해하는 데 이 몇 수의 시는 충분히 참고할 만한 가치를 가진다고 생각되기 때문이다.

　무엇보다 이 4수의 시는 지난 수 세기 동안 이맹전의 작품으로 받아들여졌다. 또 이것이 『경은선생실기』에 포함되는 과정을 짐작해 볼 때, 이맹전이 이 시들을 따로 적어 두고 평소 애송했을 것이라 짐작된다. 그렇기에 후대에 별다른 검증 없이 그의 작품으로 간주하게 되었던 것이다. 물론 이렇게 간행되는 과정의 시시비비도 논란의 대상이 되기에 충분하다. 하지만 그렇게 많은 사람의 여러 작품 가운데, 하필 이색의 시 4수를 이맹전이 따로 적어 두었다는 사실만큼은 주목할 필요가 있다고 생각된다. 그것은 최소한 이맹전이 이 4수의 시에 대해 깊이 공감했거나, 이 4수의 시에 본인의 지향을 대변해 주는 요소가 있었을 것이라 조심스럽게 예측해 볼 수 있기 때문이다. 한마디로 요즘 사람들이 자신의 감정을 대변해 주는 노래, 자신이 공감하는 노래의 가사를 기억하고 기회 있을 때마다 그 노래를 부르듯, 이맹전은 최소한 이색의 시 4수에 대해 그런 느낌을 가지고 있지 않았을까 추측해 보는 것이다.

확실한 근거를 가지고 있지는 않지만, 일단 『경은선생실기』에 실려 있다는 사실을 가볍게 여길 수 없다면, 이맹전을 이해하는 보조적인 자료로 이 4수의 시를 살펴보는 것도 크게 문제가 될 수는 없을 것이다. 먼저 4수의 시 가운데 『목은시고牧隱詩藁』의 차례에 맞추어 권2에 실려 있는 「남신점南新店」부터 살펴보면, 우리의 이러한 생각이 전혀 근거가 없는 것이 아니라는 사실을 발견하게 된다. 「남신점」의 내용은 다음과 같다.

문장으로 공명을 세울 수 있으려나
유관 쓴 수척한 유생이 가소可笑롭기만 하네.

양웅揚雄은 저서著書로 부질없이 자부했고

사마경司馬卿이 기둥에 쓴 포부 무엇을 이루었나.

세상 인정은 봄날의 산색만도 못한데

나그네의 꿈은 밤비 소리에 놀라 깨네.

긴 성을 다 지나니 날씨가 더욱 좋은데

누가 있어서 나의 해변행海邊行을 그려 줄까.

文章可是立功名　　自笑儒冠太瘦生

楊子著書空自負　　馬卿題柱竟何成

人情不似春山色　　客夢偏驚夜雨聲

過了長城風日好　　何人畵我海邊行

　　이「남신점」은『경은일고』에는 실려 있지 않고『경은선생실기』에는 수록되어 있다. 수록되는 과정에서 어떤 곡절을 겪었는지는 분명하지 않다.『경은선생실기』가 더 후대에 출간되면서 누락되었다고 생각된 것을 보충하였다고 짐작할 뿐이다. 그런데 이「남신점」은 이색의 작품이지만, 가만히 읽어 내려가 보면 마치 이맹전의 심정 혹은 목소리가 들려오는 것 같은 느낌을 지우기 어렵다.

　　시에서 언급하고 있는 양자楊子는 곧 양웅揚雄으로, 문장으로 인정을 받았던 사람이다. 마경馬卿은 한나라 때의 사마상여司馬相如로, 양웅의 동향 선배이자 역시 문장으로 이름난 사람이다. 그는 고향 성도成都를 떠나 장안長安으로 갈 때, 승선교昇仙橋를 지나면서 그 다리의 기둥에 "말 네 필이 끄는 높은 마차를 타지 않고는 다시 이 다리를 지나지 않겠다"(『藝文類聚』, 권63)라고 맹서하였다.

내용을 가만히 음미해 보면, 사마상여와 양웅의 문장도 모두 부질없는 것이 되는 세상의 헛헛함과 함께, 결코 그와 같은 문장으로는 세상의 공명을 얻을 수 없다는, 좀 더 근원적인 고민이 필요하다는 요청이 느껴진다. 사장詞章과 의리義理가 한나라 이후 유학의 두 줄기 흐름이었다면, 사장적 측면을 크게 긍정하지 않는 태도 역시 읽힌다. 본인도 젊은 시절 양웅이나 사마상여처럼 입신양명을 꿈꾸었지만 그 모든 것이 부질없는 것이었고, 이제 번잡한 성성城을 지나 인적 드문 해변을 향해 가는 나를 기억해 주는 이가 있을까 되묻는 모습은 벼슬에서 물러나 은거해 살아가는 이맹전의 모습과 겹쳐 보인다.

두 번째는 『목은시고』 권7에 실려 있는 「독서」라는 제목의 시이다.

책읽기란 마치 산을 오르는 것 같아서	讀書如游山
깊고 얕음 스스로 얻을 뿐이네.	深淺皆自得
맑은 바람 하늘에서 불어오다가	淸風來冹寥
우박 날리니 하늘은 어두워지네.	飛雹動陰黑

신묘한 용은 깊은 연못에 엎드려 있고	玄虯蟠重淵
상서로운 봉황은 팔방八方으로 날아가고.	丹鳳翔八極
정미精微에 관한 열여섯 글자를	精微十六字
분명히 깨달아서 가슴 속에 간직하고.	的的在胸臆
다섯 수레의 많은 서적 도움을 받아	輔以五車書
박문약례博文約禮로 하늘의 법칙 본다네.	博約見天則
왕王의 교화는 적막한 지 오래고	王風久蕭索
대도大道는 가시나무가 막고 있네.	大道翳荊棘
그 누가 알겠는가 봉창 아래에서	誰知蓬窓底
읽던 책 덮고 긴 한숨 쉬는 것을.	掩卷長太息

이 시는 내용에 따라 크게 네 부분으로 구분된다. 첫 번째 부분은 1·2구, 두 번째 부분은 3·4·5·6구, 세 번째 부분은 7·8·9·10구, 네 번째 부분은 11·12·13·14구로 나누어진다. 첫 번째 부분은 책읽기의 태도에 대해, 두 번째 부분은 용과 봉황 같은 인재 등에 대해, 세 번째 부분은 책읽기의 구체적인 내용에 대해, 네 번째 부분은 현실의 상황에 대해 각각 표현하고 있다.

첫 번째 부분의 '책읽기란 마치 산을 오르는 것과 같다'는 말을 훗날 한강寒岡 정구鄭逑(1543~1620)는 이렇게 풀어서 설명한다. "책읽기는 마치 산을 오르는 것과 같다. 산을 반도 오르지 않고 멈추는 사람이 있고, 산을 두루 돌아다니지만 그 맛을 모르는 사람도 있는데, 반드시 그 산수의 맛을 알아야 비로소 산을 올랐다고 할 수 있다."(권상하, 『淸臺先生文集』, 권12) 산수의 맛을 알아야 비로소 산을 올랐다고 말할 수 있듯, 책읽기라는 것은 산을 오르는 것 같이 단순히 문자에 대한 독해만이 아니라 그 깊은 의미도 이해해야 한다고 말한다. 학문의 깊이는 스스로의 노력에 의해 결정된다는 뜻도 포함되어 있다.

두 번째 부분은 맑은 바람과 날리는 우박, 신묘한 용과 상서로운 봉황을 이야기한다. 정확하게 무엇을 말하고자 하는지 단정하기 어렵지만, 맑은 바람이 지나고 우박이 날리는 험난한 상황이 전개되자, 신묘한 용과 봉황 같은 인재들이 연못 깊이 엎드려 숨거나, 팔방으로 날아가 버리는 현실의 모습을 묘사한 것이라 여겨진다. 계유정난 이후 벼슬을 버리고 물러난 이맹전을 비롯한 수많은 선비들의 모습이 떠오르는 부분이기도 하다.

세 번째 부분은 책읽기의 내용에 대한 서술로, '정미에 관한 열여섯 글자'는 『서경』「대우모大禹謨」의 "인심은 위태롭고, 도심은 은미하니, 정밀하고 전일하여, 진실로 그 중을 잡으라"라는 구절의 16글자를 가리킨다. 이것은 순임금이 우임금에게 왕위를 넘겨주면서 남긴 교훈이기도 하고, 이후 유학 특히 성리학적 인간관의 토대가 되었다. 그 뒤를 이어 등장하는 '박약博約'은 『논어』「옹야雍也」편의 "군자가 학문을 넓게 배우고, 예로써 단속한다"는 구절을 줄인 것이다. 여기에서는 책읽기의 목표가 단순히 아름다운 글쓰기에만 있지 않고, 인격을 다듬어 가는 것에 있다는 생각을 읽을 수 있다.

　마지막 네 번째 부분은 세상에 왕王의 교화가 오랫동안 실천되지 못하여 세상은 혼란한데, 그것을 어떻게 할 수 없으니 잠시 읽던 책을 덮고 탄식하는 모습을 그리고 있다. 책읽기란 마치 산을 오르는 것과 같다는 말에서 시작해, 용과 봉황 같은 인재들이 어지러운 세상을 피해 숨는 모습, 그러면서도 하늘의 원리인 '천칙天則' 곧 '천리天理' 혹은 '천도天道'를 탐구하는 유학자의 모습, 그리고 혼란한 세상을 앞에 두고 무엇도 할 수 없는 처지에 탄식하는 모습은 분명 이색이겠지만, 이맹전과 겹쳐 보아도 결코 어색하거나 부자연스럽지가 않다. 그러기에 시는 분명 이색의 작품이지만, 이맹전이 지은 것이라 해도 전혀 어색하지 않으며, 특히 이맹전 본인은 이 시에 깊이 공감할 수 있었을 것이라 생각된다.

　「독서」에 이어서 같은 곳(『목은시고』, 권7)에 수록되어 있는 「독한사讀漢史」를 살펴보자.

우리의 도가 많이도 혼미해졌구나	吾道多迷晦
유건을 쓴 사람들은 외모만 장식하네.	儒冠摠冶容
양웅揚雄은 유달리 적막했고	子雲殊寂寞
호광胡廣은 중용을 택하였네.	伯始自中庸

육경六經을 끝내 어떻게 쓸 것인가   六籍終安用

약법삼장約法三章도 끝내 따르지 않았는데.   三章竟不從

아득히 천년이나 지난 후에   悠悠千載下

제갈량을 다시 생각하네.   重憶孔明龍

    이 시는 한나라 역사를 읽고 그 느낌을 표현한 것이다. '우리의 도'는 곧 '유학의 도'인데, 한나라 때에 유학이 쇠퇴하고, 유학자들은 겉모양만 선비의 모습일 뿐 올바른 유학자로 보기 어렵다는 시각에서 출발한다. 그리고 이어서 양웅(字가 子雲)과 호광(字가 伯始)에 대해 나름의 평가를 내리는데, 양웅은 세상에 영합하지 않고 생활한 것을, 호광은 중용의 태도로 일을 처리한 것을 설명하고 있다. 그리고 한나라 고조인 유방이 한나라를 세우면서 진나라의 복잡하고 가혹한 법을 폐지하고 세 조목으로 구성된 법을 만들겠다고 약속했는데, 그것이 바로 약법삼장約法三章이다. 그 내용은 ① 살인자는 사형에 처하고, ② 사람을 상하게 하거나 남의 물건을 훔치면 벌을 주고, ③ 나머지 모든 진나라의 법을 폐지하는 것이었다. 하지만 유방은 이후 이 법을 실천에 옮기지 못하였다. 육경 역시 한나라에서 정치적 토대로 삼으려 하였지만, 단순한 3조목의 법률도 실천하지 못하는데, 그것이 어떻게 가능할 수 있었겠는가 되묻고 있다. 마지막에는 천년이 지난 뒤에도 기억나는 사람이 바로 제갈량이라는 말로 시를 끝맺고 있다.

중국 섬서성 오장원五丈原 제갈량묘

시에서 가장 높게 평가되고 있는 제갈량諸葛亮은 한나라의
후예인 유비를 도와 촉한蜀漢을 세웠으며, 훗날 유비가 죽은 뒤에
는 그 뒤를 이은 유비의 아들 유선에게 충성을 다한 인물이다. 특
히 227년 위나라 정벌에 나섰다가 실패한 후, 이듬해 다시 정벌
을 나서며 유선에게 올린 다음과 같은 내용의 「후출사표後出師表」
에서 그의 생각을 구체적으로 읽을 수 있다.

선제先帝께서는 한나라의 역적과 같은 하늘 아래 설 수 없고,
왕업이 치우쳐서 안전할 수 없다 여기시어, 신에게 역적을 치

라고 당부하셨습니다. 현명하신 선제께서는 신의 재주를 헤아리시어, 신이 역적을 칠 재주는 모자라고 적은 강하다는 것을 알고 계셨습니다. 그러나 역적을 치지 않으면 왕업 역시 망할 것이니, 어떻게 앉아서 망하기를 기다리겠습니까? 그리하여 제게 정벌의 사명을 맡기시고 의심하지 않으셨습니다. 신은 사명을 받은 날부터 자리에 누워도 편안할 수 없었고, 밥을 먹어도 맛을 알 수 없었습니다.…… 신은 몸을 굽혀 모든 힘을 다할 것이고, 죽은 후에야 그만둘 것입니다. 성공할지 실패할지, 이로울지 해로울지는 신의 힘으로 미리 내다보지 못하겠습니다.

「후출사표」⁵의 내용에서 보자면, 제갈량은 단순하게 탁월한 책략가나 행정가의 모습이 아니다. 그의 정벌은 단순히 영토를 확장하기 위한 것이 아니라 한나라를 찬탈한 역적을 응징하는 것

---

5) 「출사표」: 『삼국지』의 배경이 된, 중국 삼국시대 蜀漢의 재상 諸葛亮(181~234)이 북방의 위나라를 토벌하러 떠나면서 황제에게 올린 글이다. 촉한 제1대 황제 劉備는 '반드시 북방을 수복하라'는 유언을 남기고 죽었다. 제갈량은 유비의 유언을 지키기 위해 227년 1차로 군사를 일으켜 위나라를 정벌하러 떠나지만 실패하였고, 그 뒤 다시 네 차례(228년 겨울, 229년, 231년, 234년)나 정벌을 시도하지만 모두 실패하고, 五丈原에서 병사하였다. 제갈량의 「출사표」는 前後 두 편인데, 「전출사표」는 처음 정벌을 시작하면서, 「후출사표」는 1차 북벌에서 실패한 후 군대를 재정비한 다음 다시 출정하면서 올린 것이다.

이었으며, 그의 의지가 아니라 그 선제인 유비의 뜻을 계승한 것이었다. 이와 같은 제갈량의 모습에 주목한다면, 우리는 이 시가 왜 이맹전에게 주목을 받고 그의 애송시가 되었는지, 그 이유를 짐작하게 되는 것이다. 현실 속에서는 불가능했지만, 그는 어쩌면 선제의 뜻을 계승해 역적의 정벌에 나서는 제갈량의 당당한 모습과 자신을 겹쳐 보며 이 시를 읽고 애송했던 것은 아닐까?

이제 마지막으로 남아 있는 하나의 시, 곧 『목은시고』 권22에 실려 있는 「잠부蠶婦」, 곧 「누에 치는 아낙」을 살펴보자.

성 안에 누에 치는 아낙네가 많은데	城中蠶婦多
뽕잎은 어떻게 그리 풍성하던가.	桑葉何其肥
비록 뽕잎이 적다고 하더라도	雖云桑葉少
누에가 굶주리는 것은 본 적이 없네.	不見蠶苦饑
누에가 자랄 때는 뽕잎 넉넉해야 하고	蠶生桑葉足
누에가 다 컸으면 뽕잎도 드물어지네.	蠶大桑葉稀
땀 흘리며 아침저녁으로 뛰어다니지만	流汗走朝夕
몸에 걸칠 옷으로 인연이 아니었네.	非緣身上衣

누에 치는 아낙의 분주한 일상이 그려지는 시이면서, 당시 사회의 구조적인 문제를 보여 주고 있는 시이기도 하다. 현실비판적인 의식도 느껴진다. 뽕잎이 적어도 굶주리는 누에가 없다

고 말하는 것에서 지배층에 대한 비판적 시각을 확인하는 것은 지나친 것일까? 26년의 은거생활은 이맹전이 농촌 아낙의 삶을 이해하는 데 충분한 시간이 되었을 것이다. 그리고 그와 같은 이해는 이색의 이 시에 대해 더욱 공감할 수 있는 토대가 되었을 것이라 짐작된다.

이맹전이 늘 곁에 두고 애송했을 것이라 짐작되는 이 4수의 시를 자세히 살펴보면, 그가 이 시들을 애송할 수밖에 없었던 이유들을 발견하게 된다. 그의 정서나 지향을 대신 표현해 주면서, 그가 깊이 공감할 수밖에 없었던 시들이라고 짐작된다. 우리는 이색의 시에서 이맹전을 보지만, 이맹전 본인은 이색의 시에서 자신의 모습을 보았을 것이라 생각된다.

3. 영남사림의 절의정신과 이맹전

앞에서 이맹전이 직접 지은 시 3수와 함께, 그가 평소 적어두고 애송했던 이색의 시 4수를 함께 살펴보았다. 모두 그가 살았던 삶의 모습이나 지향과 일치하는, 그래서 그가 직접 지은 시가 아닌 이색의 시에서조차 그의 모습을 어렵지 않게 발견할 수 있었다. 그렇다면 이제 이와 같은 시에서 확인되는 삶의 모습 혹은 학문적 지향이 어떻게 형성되었고, 또 그것이 동시대 혹은 후대에 어떤 형태로 영향을 주거나 계승되었는지를 정리해 보는 것으로 이 장의 이야기를 마무리해 보자.

그런데 솔직히 고백하자면, 이맹전의 삶을 이해할 수 있는 직접적인 자료가 거의 전해지지 않듯, 이 영역과 관련된 정보나 자료 역시 찾아보기 어렵다. 대부분은 간접적인 자료에 불과하다. 그렇기에 단정적으로 확인할 수 있는 내용도 그만큼 제한적이다. 우선 우리들의 이야기를 시작하기에 앞서, 우리가 가진 정보들이 어떤 종류인지 다시 한 번 재확인함으로써 지나친 기대를 버리고 논의를 시작할 필요가 있다고 생각된다.

먼저 이맹전의 사승이다. 일반적인 시각에서 보자면 이맹전은 길재의 문하에서 수학한 것으로 알려져 있다. 이맹전을 언급하고 있는 몇몇 책에서도 당연한 듯 그렇게 서술하고 있다. 이맹전이 태어나기 2년 전, 길재는 이미 벼슬을 버리고 고향인 선산에 내려와 있었다. 특히 이맹전의 성장기에 길재는 이미 같은 선산지역 출신의 제자 여럿을 두고 있었기 때문이다. 이 외에도 특히 이맹전이 실천한 절의정신의 뿌리가 어디인지 묻는다면, 사람들은 자연스럽게 길재를 떠올렸다. 이런 까닭에 이맹전의 사승은 자연스럽게 길재로 연결되었던 것이다.

그런데 막상 길재 문하에서 수학했던 흔적이나 자료를 찾고자 하면, 그 어디에서도 관련 정보를 확인할 수 없다. 길재의 문인이 정확하게 몇 명이나 되는지 확인하기는 어렵다. 체계적으로 정리한 문헌이 없어 여러 종류의 문집이나 역사서 등을 하나씩 확인하는 과정을 거쳐야 하기 때문이다. 그럼에도 불구하고 길재와 관련된 연구는 다양하게 진행되어 왔는데, 지금까지의 길재에 대한 연구에서 확인된 그 문인의 명단에 이맹전의 이름은

길재의 묘

채미정

길재 영정

거론되지 않는다. 길재의 문인으로 거론되고 있는 이들은 김숙자金叔滋·박서생朴瑞生·김극일金克一·김치金峙·조상치曹尙治·옥고玉沽·최운룡崔雲龍·길구吉久·길사순吉師舜 등과 같은 아홉 사람에 불과하다. 이렇듯 일반적인 길재의 문인 명단에서 이맹전의 이름은 확인할 수 없다.

    여기에서 두 가지 의문이 머리를 스친다. 첫 번째는 길재의 문인 명단에 거론되지 않은 이맹전을 사람들은 왜 길재의 제자로 생각했는가 라는 의문이고, 두 번째는 만약 이것이 사실이어서 이맹전이 길재의 문인이 아니었다면 그의 사승과 함께 절의정신은 도대체 어디에 뿌리를 두고 있는가 라는 의문이다. 우선 첫 번째 의문부터 그 답을 찾아가 보자.

첫 번째 의문에 대한 답을 생각해 보면, 우선 주목되는 것이 길재와 이맹전이 가지고 있는 공통점이다. 두 사람이 같은 고을에서 같은 시간대에 살았다는 것은 특히 주목을 끈다. 길재는 1353년(공민왕 2)에 태어나 1419년(세종 원년)에 사망하였는데, 특히 1390년 봄 벼슬에서 물러난 이후 그 생활의 중심은 선산이었다. 짧은 관직생활에서 물러나 선산으로 내려왔을 때, 길재의 나이는 38세에 불과했다. 이맹전의 경우 길재가 선산에 내려온 후 2년 뒤인 1392년에 태어났고, 길재가 사망했을 때 그는 아직 출사하지 않은 28세의 청년이었다. 그 지역과 연배에서 보자면, 두 사람이 만날 수 있는 가능성을 충분히 생각해 볼 수 있는 것이다. 그리고 이러한 외적인 조건만 갖춘 것은 아니었다.

이맹전의 부인 김씨는 김득자·김천부·김성미로 이어진 일선김씨 집안이었다. 길재의 외가 역시 판도판서版圖判書에 추증된 외조부 김희적金希迪으로 이어진 일선김씨였다. 이 두 가지 사실은 또 다른 측면에서 두 사람이 관계를 맺을 수 있는 충분한 계기가 된다고 생각된다. 길재의 외가와 이맹전의 처가는 한 집안이었던 것이다. 여기에 더해서 이맹전이 깊이 교류한 김숙자·김종직 부자 역시 같은 집안사람이었다. 요즘의 상황에서 보자면 촌수가 멀어서 잘 만나기 어려운 먼 친척처럼 느껴지지만, 이맹전이 살던 당시 사회에서 이 정도의 관계가 어떤 의미를 가졌을지는 한번 생각해 볼 문제이다. 가까운 거리가 아님에도 불구하고 전 외조부를 찾아 문안하는 김일손의 행적에서도, 현대인과는 다른 정서를 확인할 수 있는 것이다.

여기에서 그치지 않고, 길재와 이맹전은 유사한 삶의 지향을 보여 주었다는 점에서도 공통점을 확인할 수 있다. 두 사람이 어떤 삶을 살았는지에 대해 다시 거론할 필요도 없이, 이들은 모두 절의를 실천하는 데 주저하지 않았던 것이다. 결국 이런 여러 내외적인 공통점이나 연관성이 길재와 이맹전을 연결시키고, 두 사람을 스승과 제자로 이해하도록 만들었을 것이라 짐작할 수 있다. 하지만 현실적으로 볼 때 두 사람은 한 집안을 외가와 처가로 두었을 뿐, 직접적이고 깊은 학문적 연결고리를 만들지는 못한 것으로 보인다.

어쩌면 지금까지 이맹전을 바라보면서 생육신의 한 사람인 그의 절의를 어떤 방식으로든 길재와 연결해야 한다는 생각에 지나치게 연연해하고 있는 것은 아닌가 생각이 든다. 특히 이맹전의 청년 시절은 그의 선조들의 빛나는 전통이 여전히 남아 있던 때였다. 고위 관직을 지낸 5대조 이래 선조들의 학문만으로도 충분히 앞길을 도모할 수 있을 것이라는 자신감을 가지고 있어도 이상할 것이 없었다. 이러한 의미에서 보자면, 굳이 길재의 문하에 들어가 학문을 할 이유를 찾지 못했다 말할 수도 있을 것이다.

이렇게 이야기를 마무리해 놓고 보니, 우리의 두 번째 의문이 다시 떠오른다. 만약 이맹전이 길재의 문인이 아니었다면, 그는 도대체 누구에게서 학문을 배웠고 또 그의 절의정신은 어디에 뿌리를 두고 있는 것일까? 쉽게 말해서 생육신이 되어 절의를 실천하는 이맹전의 모습은 길재와의 관계에서 아주 쉽게 해명될 수 있다. 그 스승에 그 제자라고 생각한다면, 이맹전의 행동은 쉽게 이해되는 것이다. 그런데 이제 그렇게 해명할 수 없게 되었으니, 설득력 있는 다른 대답을 준비해야 하는 것이다.

　　그런데 일단 사승과 관련해서는, 앞서 그의 몇몇 시작품을 살펴보는 과정에서 이색의 시들이 그에게 상당히 영향을 주었거나 공감되었다는 점에서 이색을 머리에 떠올릴 수 있을 것 같다. 하지만 생졸연대에서 보면 이색과 이맹전을 직접적인 사제관계로 연결할 수는 없다. 이맹전이 겨우 4세이던 1396년에 이색이 사망했기 때문이다. 이러한 사실에서 볼 때, 이맹전은 가학을 이었을 것이라고 보는 것이 가장 설득력이 있다고 생각된다. 다만 문제는 가학을 이었다고 할 때, 더욱 강하게 절의정신의 유래를 묻게 된다. 조선이 건국되는 과정과 비교해 보자면, 그의 절의정신과 그 실천이 가학에 뿌리를 두었다고 생각되지는 않는다.

　　그보다 우리는 그의 절의정신과 그 실천을 해명해 줄 수 있는 또 다른 인물을 발견하게 된다. 다름 아닌 그의 장인 김성미이다. 이맹전이 부인 김씨와 언제쯤 혼인을 했는지는 분명하지 않지만, 장인 김성미는 이맹전보다 16세 연상으로, 1378년(고려 우왕 4)에 선산에서 태어났다. 조선 태종 때 문과에 급제하여, 예문관 직제학 겸 군기시판사를 지냈다. 1455년 계유정난 이후 정확한 시기는 알 수 없지만, 이맹전과 비슷한 시기에 관직을 버리고 고향 선산으로 돌아와 마을 이름을 오로촌吾老村이라 불렀는데, '내가 늙어 가는 마을'이라는 뜻이다. 비록 80세 가까이 되었지만, 그 역시 매일 아침 뒷산에 올라 단종이 유배된 강원도 영월을 향해 절을 하며 곡을 한 일화가 전해지고, 그가 절을 하며 곡을 했던 골짜기는 '직학곡直學谷'이라고 불렀다. 이후 김성미는 오로재吾老齋를 짓고 칩거하면서도 찾아오는 사람들을 피하지 않고 가르쳐 후학을 양성한 것으로 전해지고 있다.

　이와 같은 김성미의 삶이 이맹전에게 끼친 영향을 쉽게 부정하기는 어렵다고 생각된다. 그리고 여기에 더해 단순히 이맹전에 대한 김성미의 영향만 주목하는 것이 아니라, 김주나 길재, 그리고 김성미와 정중건 등의 인물이 절의를 중시하고 그것을 실천하는 선산의 절의 풍토를 만들어 갔던 것에 주목할 필요가 있다고 생각된다. 길재만의 절의 혹은 하나의 중심만이 있는 것이 아니라, 절의를 실천한 여러 인물이 병렬로 존재하며 서로 영향을 주고받고, 또 새로운 지역의 문화를 만들어 갔던 것이다. 절의 실천을 어떻게든 길재와 연결해야 한다는 집착은 우리를 오해 혹은 편협한 사고에 가두는 결과를 초래했던 것이다.

그리고 조선 초기의 선산지역은 바로 이러한 문화적 토대 위에서 영남사림파의 중심 활동지가 될 수 있었고, 이후 조선 성리학의 활동에 중요한 토대를 제공하였다고 생각된다. 그리고 이맹전은 바로 이러한 선산지역의 문화적 토대 위에서, 영남사림파의 이념적 지향을 충실하게 보여 주고 실천한 인물이었다고 평가할 수 있을 것이다.

제4장 이맹전의 발자취

앞에서 살펴보았듯, 숙종 대에 이르러 남효온의 『육신전六臣傳』에 이름이 소개된 성삼문·박팽년·하위지·이개·유성원·유응부는 충절의 상징으로 복권되면서 위상이 확정되었다. 그리고 1698년(숙종 24) 마침내 단종마저 복위되면서, '사육신'에는 포함되지 못했지만 절의를 지킨 인물들에 대한 논의가 시작되었다. 현재의 '생육신'에 포함되어 있는 인물 가운데 가장 먼저 언급된 인물은 김시습과 원호였고, 그 뒤를 이어 나머지 '생육신', 그리고 권절과 정보 등의 이름이 언급되었다. 이들의 복권이나 복위와 함께 이들을 기념하는 사업이 전개되었는데, 그 중 주요한 사업이 바로 사당이나 서원의 건립과 관련되어 있다. 이제 이맹전을 제향하는 세 서원을 중심으로 그와 관련된 유적지를 살펴보자.

1. 선산의 월암서원

월암서원은 경상북도 구미시 도개면 월림리에 있는 서원으
로, 1628년(인조 6)에 지방유림의 공의로 김주金澍[6]의 위패를 모신
사당과 함께 서당을 건립한 것에서 시작되었다. 이때 건립한 사
당은 장현광이 '내격묘來格廟'라 편액하였다. 일반적으로 월암서

---

6) 金澍: 본관은 一善이고 호는 籠巖이다. 생졸연대는 알려져 있지 않다. 아버지
는 禮儀判書 金元老인데, 그 또한 공양왕 때 예의판서를 지냈다. 1392년(공양
왕 4)에 사신으로 명나라에 갔다가 압록강에 도착했을 때 고려가 망하고 조선
이 건국되었다는 소식을 듣고는 부인 유씨에게 편지를 쓰고 朝服과 신을 부친
후, 자신은 중국에서 돌아오지 않았다. 그 뒤 그는 중국의 刑楚에 살았고, 3명
의 자녀를 두었다고 전한다. 저서로는 『籠巖逸稿』 1책이 있다.

원의 건립연도는 1630년(인조 8)으로 알려져 있다. 그런데 김양선은 그의 「월암기적月巖記蹟」에서 사우를 세운 해가 '숭정무진崇禎戊辰' 곧 '인조 6년'이라고 기록하고 있다. 이것은 경상도 유생 김세충 등이 임금에게 올린 「표정상언表旌上言」에서도 확인되는데, 그 내용은 다음과 같다.

> 숭정무진년(1628)에 선산지방에 사당을 세우고 김주를 향사하였고, 앞 조정 임자년(1732)에 충절을 가장嘉獎하라는 전교가 있어 보감에 등재되었으니, 아름답고 성하도다!(김양선, 「月巖記蹟」)

'사당을 세웠다'는 표현이 사당을 세우기 시작했다는 의미인지, 아니면 사당을 완공했다는 의미인지 분명하지 않다. 하지만 이와 같은 몇 가지 기록에 근거할 때, 월암서원의 전신이라고 할 수 있는 내격묘의 건립은 최소한 1628년(인조 6)에 시작되었다고 이해할 수 있다. 이후 1636년(인조 14)에 하위지·이맹전 위패를 추가로 배향하였는데, 이후 사당의 명칭을 '삼인묘三仁廟'라 부르기도 하였다.

'삼인묘'라는 명칭은 김주와 하위지 그리고 이맹전의 행적이 공자가 『논어』에서 말한 '세 사람의 인자仁者'와 닮아서 붙은 명칭이다. 이복원李福源의 「경은이공시장耕隱李公諡狀」에서도 이

월암서원에서 내려다 본 낙동강

월암서원 전경

점을 언급하며 다음과 같이 말한다.

선산의 삼인서원三仁書院으로 김주와 하위지 및 공을 향사하였다. 세 명의 인자仁者 곧 '삼인三仁' 이라 부르는 것은, 공자가 『논어』 「미자微子」에서 미자微子 · 기자箕子 · 비간比干 세 사람을 삼인이라 불렀듯, 김주의 경우 가 버리고, 하위지는 죽었으며, 공은 병을 핑계한 것이 거짓으로 미친 척하는 것과 유사한 것이다. 시간과 지역이 서로 떨어진 것이 몇 천 년에 수천 리가 되어도 스스로 편안한 절의는 마치 부절을 합한 것 같다.

여기에서는 김주와 하위지, 이맹전의 삶이 공자가 『논어』에서 말한 세 사람의 인자와 닮아서 '삼인묘' 라고 부르게 되었다는 점을 설명하고 있다. 공자가 『논어』에서 미자微子 · 기자箕子 · 비간比干을 '세 사람의 인자仁者' 라고 불렀는데, 「미자」편의 관련 구절을 살펴보면 다음과 같다.

미자는 떠나가 버리고, 기자는 노예가 되고, 비간은 간하다가 죽었는데, 공자는 "은나라에는 세 사람의 인자가 있다"고 말하였다.

공자가 인자라고 언급한 세 사람 가운데 미자微子는 상商나

라 말기의 미자계微子啓를 가리킨다. 그는 상나라의 29대 임금 제
을帝乙의 맏아들이고, 제을의 둘째는 연, 막내는 상나라의 마지막
임금 주왕紂王 제신이었다. 주왕이 폭정을 일삼자 미자微子는 주
왕을 떠나 주무왕을 지원한다. 반면 기자는 상나라의 왕족이자
폭군 주왕의 친척으로, 태사太師라는 관직에 있으면서 주왕이 폭
정을 행하는 것을 보고 간언하다 감옥에 갇히자 거짓으로 미친
척하였고, 주왕은 그를 노예로 삼았다. 세 번째 인물인 비간은 상
商의 28대 태정제太丁帝 문정文丁의 아들이자 주왕紂王의 숙부叔父
로, 정치를 바로잡을 것을 주장하다가 주왕에게 살해당하였다.
이들의 행동이 고려의 사신으로 중국에 갔다가 그 사이에 조선이
건국되자 입국하지 않고 중국으로 다시 들어가 버린 김주, 죽임
을 당한 하위지, 그리고 눈멀고 귀먹었다 핑계한 이맹전과 닮았
다는 점을 말한 것이다.

　　1686년(숙종 12) 선산의 진사 김상옥 등이 '내격묘'의 사액을
청하는 상소를 올렸고, 1693년에는 대사성 김원섭이 사액소를 올
렸다. 그 결과 1694년(숙종 20) 마침내 '내격묘'는 사당을 '상의사
尙義祠'로 하는 '월암서원月巖書院'으로 사액되었다. 이후 '내격
묘'라는 사당 이름은 별묘의 이름으로 사용되었다. 1868년(고종
5)에 대원군의 서원철폐령으로 훼철된 후, 서원 터에는 세 선생의
위패를 묻은 매판소埋版所가 설치되었고, 월암정月巖亭이 세워졌
다. 2001년에 구미시 주관으로 월암서원 복원공사가 시작되었

고, 2010년에 복원공사가 마무리되었다.

　　현재는 사당인 상의사尙義祠와 강당인 구인당求仁堂, 그리고 동재인 수인재守仁齋와 서재인 존모재尊慕齋, 전사청인 애일당愛日堂 등의 건물과 함께, 대문인 보인문輔仁門과 내삼문인 성인문成仁門 등의 시설이 갖추어져 있다.

상의사

月巖書院

求仁堂

陽穎輝壇上月

一生一死義相同

구인당

수인재

守仁齋

존모재

애일당 현판

堂日愛

2. 함안의 서산서원

서산서원은 경상남도 함안군 군북면 사군로에 있는 서원으로, 1706년(숙종 32) 지방유림의 뜻을 모아 곽억령 등이 생육신인 조려趙旅·원호元昊·김시습金時習·이맹전·성담수成聃壽·남효온南孝溫의 학덕과 충절을 추모하기 위해 창건하여 위패를 모셨다. 1713년에 '서산西山'이라고 사액되었지만, 1869년(고종 6)에 대원군의 서원철폐령으로 훼철되었다. 그 뒤 1984년 정부의 보조와 지역유림 그리고 조려의 후손들이 뜻을 모아 사우·강당·문·조려선생사적비·생육신사적비 등을 갖추어 복원하였다. 해마다 음력 3월 1일과 9월 9일에 생육신의 충절을 기리는 제사를 지낸다.

건물로는 4칸의 사당, 신문神門, 4칸의 강당, 각 3칸의 동재東

서산서원 숭의당(강당)

육각비

육각정

서산서원 충의사(사당)

齋와 서재西齋, 외문外門, 육각정六角亭, 3칸의 고사庫舍와 육각비六角碑, 조려의 사적비 등이 있다. 묘우에는 조려를 주벽主壁으로 하여 좌우에 원호 · 김시습 · 이맹전 · 성담수 · 남효온 등의 위패가 봉안되어 있다. 강당은 중앙의 마루와 양쪽 협실로 되어 있는데, 원내의 여러 행사와 유림의 회합 및 강론 등의 장소로 사용되고 있다.

이복원李福源의 「경은이공시장耕隱李公諡狀」에서 서원의 이름을 '서산'이라고 사액하게 된 연유를 설명하고 있는데, 그 내용은 다음과 같다.

> 함안의 서산서원西山書院은 공과 조려 · 원호 · 김시습 · 성담수 · 남효온을 향사하는 곳이니, 세상 사람들이 말하는 생육신이다. 서산西山이라 이름을 붙인 것은 서원의 뒤에 백이산伯夷山이 있어서 그 이름을 느끼고 그 유풍遺風을 생각하기 위한 것이다.

내용에서 보자면, 이맹전을 비롯한 생육신을 향사하는 서원의 이름을 '서산'이라 정하게 된 것은 서원의 뒤에 백이산이 있었기 때문이다. '서쪽 중국에 있는 백이산'과 같은 이름의 산이 서원 뒤에 있고, 그것을 통해서 서원에서 향사하는 생육신이 절의를 지킨 백이와 숙제에 비견되는 인물임을 의미하게 되었다.

3. 영천의 용계서원

용계서원龍溪書院은 경북 영천시 자양면 용산리에 있는 서원이다. 대원군에 의해 훼철된 서원을 노항동魯巷洞으로 옮겨 서당으로 사용하다가, 90여 년이 지난 1976년 다시 영천댐 공사로 인해 현재의 위치로 이건하였다. 이가원李家源이 지은 「용계서원지서」를 보면 그 과정을 다음과 같이 설명하고 있다.

영천의 토동에 옛날 용계사龍溪祠가 있으니 이조 숙종 때에 창건하였다. 단종조에 절의를 지킨 경은 이정간 선생을 봉향하는 곳이다. 정조 병오년(1786)에 향내 사람들이 어계 조정절, 관란 원정간, 매월 김청간, 문두 성정숙과 추강 남문정 등의 선생을 아울러 봉향하여 서원으로 승격하였는데, 대체로 이 여섯 군자의 마음과 행적이 서로 부합되어 다름이 없었던 것이다.

이가원의 설명에 따르면, 용계사는 숙종 때에 세워졌고, 처음에는 토동에 있었다. 그리고 본래 이맹전을 향사했지만, 1786년에 나머지 생육신 다섯 분을 함께 향사하면서 용계서원으로 승격되었다. 그런데 이와 같은 이가원의 설명에는 사실과 부합하지 않는 부분도 있다. 그것은 다름 아닌 용계사가 세워진 시기로, 정제鄭梯가 지은 「용계사기문龍溪祠記文」에는 용계사가 건립되는 과정을 비교적 상세하게 설명하고 있으며, 그 내용은 다음과 같다.

그 뒤 9대에 이르러 종사宗嗣가 끊어져서 사당祠堂과 묘소에 제사祭祀가 끊어진 것이 오래되었다. 사림이 비록 선산의 월암月巖과 함안의 서산서원 등에서 향사享祀를 지내고 있지만, 자손들의 봉사奉祀는 빠져 있다. 그래서 우리 지파支派의 영천에 있는 사람들이 멀리 제수祭需를 갖추고 가서, 제사 지내는 예를 100리 밖에서 행하며, 조상의 제사에 정성을 다하고, 조상의 은혜에 보답하는 뜻을 실천하고 있다. 옛적 숙종 24년 무인戊寅년(1698)에 은유恩宥를 크게 내리어 장릉莊陵을 복권하고 여섯 신하의 원통함을 풀어주었는데, 우리 선조도 역시 이 가운데 포함되었다. 그늘 속에 있다가 다시 햇빛을 보게 되니 공사公私가 함께 기뻐하고, 귀신과 사람이 서로 감동하였다.

지금의 임금께서 무인戊寅년(1758)에 또 지나간 해의 은유恩宥를 따라 다시 여섯 신하에게 증시贈諡하는 일이 있었는데, 우리 선조가 여섯 신하의 충절忠節과 다름이 없으니, 조만간 조정에서 증시하는 은혜를 우리 선조에게도 베풀 것이지만, 사당祠堂도 없어 받아들이지 못할 처지라 영천에 사는 여러 친족들이 서로 의논하여 기묘己卯년(1759)에 11대손 몽신夢臣의 집 옆에 사당(龍溪祠)을 세웠는데, 몽신은 지손 중 소종小宗이다. 이것에 의지해 별도로 제사를 올리기 위해 사당 건물이 이미 경진庚辰년(1760) 10월에 완성되었고 단확丹艧(단청)을 하였으므로 장차 모월某月 모일某日에 위패를 봉안하려 한다.

선산에 거주하던 이맹전의 종가가 9대째에 이르러 대가 끊어지고, 영천의 지손들이 제수를 갖추고 제사를 지내 왔는데, 영조 대에 이르러 다시 이맹전에게 시호가 내려올 상황이 되자 1759년(영조 35)에 이몽신의 집 옆에 사당을 세우고, 그 이듬해인 1760년 10월에 완공하여 위패를 봉안할 예정이라는 내용이다. 다른 생육신에 대한 향사는 이때 아직 논의되지도 않고 있었다. 이 내용에서 보자면 용계사는 숙종 때가 아닌 영조 35년에 건립되었고, 1786년(정조 10)에 생육신인 조려 · 원호 · 김시습 · 성담수 · 남효온을 추가 배향하면서, '용계龍溪'라 사액되었던 것이다. 숙종 때에 세워진 것은 용계서원이 아니라 '이경은선생제단'으로, 이가원이 이 부분을 잘못 서술한 것으로 보인다.

경내 건물로는 3칸의 사당, 신문神門, 5칸의 보본당報本堂, 대문 등이 있다. 사당은 정면 3칸, 측면 1칸 규모의 홑처마 맞배지붕이다. 자연석 기단에 원형 초석을 놓고 원기둥을 올렸다. 사당 주위는 기와를 얹은 토석담으로 둘러 영역을 형성하였다.

강당은 중앙의 마루와 양쪽 협실로 되어 있는데, 정면 4칸, 측면 2칸 규모의 홑처마, 누각식 팔작지붕이다. 낮은 기단 위에 누마루를 높이 짜고 그 위에 건물을 세웠는데, 전면 1칸과 측면에 툇간을 만들고 밖으로 난간을 둘렀다. 난간 밖으로는 사면에 귓기둥을 세웠다. 자연석 기단을 두고 전면에는 원기둥을, 뒤로는 각기둥을 사용하였다. 평면은 2칸 대청을 중심으로 좌우측에 온돌방 1칸을 둔 중당협실형中堂夾實形이다. 전면에 반 칸 규모의 툇간이 형성되어 있다. 강당 앞에 솟을삼문형식의 외삼문이 있다. 용계서원은 앞쪽에 강당을 두고 뒷면에 사당이 있는 전학후묘의 배치이다. 문간채부터 강당, 사당까지 하나의 축에 건물이 배치되어 있다.

용계서원 강당

용계서원 현판

4. 생육신 이경은 선생 제단

　　제단은 용계서원이 건립되기 전인 숙종 39년(1713)에 후손들이 세운 건물이다. 화강암으로 쌓은 높은 기단 위에 초석을 놓고 둥근 기둥을 세워 구성한 팔작집으로, 측면 칸살을 정면보다 넓게 잡은 것이 특징이다. 앞뒤에 난간을 두른 쪽마루를 두고, 좌측의 우물마루를 깐 대청에 붙여 우측으로 온돌방을 연달아 붙여 놓았는데, 우측 끝 온돌방에는 벽장을 설치하였다. 외관은 같은 모양으로, 대청의 각 칸에는 3분합 들문을, 온돌방의 각 칸에는 쌍여닫이 세살문을 달아 대칭을 이루었다. 서원을 건립하기 이전에 이곳에서 제사를 지냈던 것으로 보인다.

생육신 이경은 선생 제단

5. 부조묘

부조묘不祧廟는 위패를 옮기지 않는 신위, 즉 불천위不遷位를
모시는 사당이다. 나라에 큰 공을 세우거나 학문이 높은 사람의
경우 4대가 지나도 신주를 땅에 묻지 않고 사당에 영구히 모시면
서 제사를 지내는 것이 허락되는데, 그 사람의 신위를 불천위 혹
은 '부조위不祧位'라고 한다. 본래 제사는 신분에 따라 고조까지
4대를 지내는 것이 예법에 규정되어 있다. 그 위의 조상들은 시
제를 통해 제사를 모시게 된다. 그런데 부조위가 되면 그 자손들
이 있는 한 사당에 신위를 모시고 영구히 제사를 지낼 수 있게 된
다. 불천위는 나라에서 인정한 국불천위國不遷位, 유림에서 발의하
여 정한 향불천위 또는 유림불천위儒林不遷位, 문중에서 모셔야 한

다고 뜻이 모아진 사불천위私不遷位 또는 문중불천위로 구별된다.

정조 10년(1786)에 지은 이맹전의 부조묘는 중앙에 계단을 두고, 화강석 다듬돌로 축조된 기단 위에 막돌초석을 놓고 둥근 기둥을 세워 정면 3칸 측면 2칸으로 구성된 홑처마 맞배집이다. 보통 사묘 건축에서는 전퇴 1칸을 두어 개방하는 것이 일반적이지만, 여기는 전퇴를 두지 않고 평주칸에 바로 문을 내었다.

6. 경은선생유허비각

  금오산 아래 형곡리는 이맹전이 태어난 곳이다. 숙종 22년
(1686)에 선산부사를 지낸 김만증金萬增이 이맹전이 생활하던 국
담菊潭과 죽정竹井 터에 비를 세워 유허遺墟라는 것을 표시하고 비
각을 지어 보호하였다. 1750년(영조 26)에 9세손 이석화가 보수하
였고, 1796년(정조 20)에 10대 사손인 이유룡이 다시 보수하였는
데, 그 뒤 100년이 넘도록 다른 곳으로 옮겨져 있던 것을 1938년
봄에 17세손 이기식과 19세손 이만순이 문중과 사림에 의논해서
다시 옛터로 이건하였다. 하지만 구미시의 도시화 과정으로 비
각은 현재 다시 구미시립도서관 경내로 옮겨져 있다.

경은선생유허비각

7. 묘소

이맹전의 묘는 구미시 해평면 금호리에 위치해 있다. 선산 김씨의 시조인 김선궁의 묘소와 멀지 않은 곳이다. 묘 앞에 서 있는 비갈은 그의 유지에 따라 글자를 새기지 않은 소박한 모습이다. 후대에 세워진 묘갈명은 이상정이 지었다.

이맹전의 묘소 옆 일선김씨 시조 김선궁의 묘

묘소

글자를 새기지 않은 비갈

後人盡惠以一言象靖不敢辭銘曰
王者亦六臣死固索性而生而遂其志為難厠澗徒列
泯然人莫能識又豈非難中之難也耶
　　通訓大夫前行司諫院正言韓山李象靖
　　通訓大夫前行司諫院正言完山崔光璧
外裔通訓大夫前行司諫院正言完山崔光璧
崇禎後三戊戌十月日十一世孫夢臣

이상정이 쓴 비문

제5장 이맹전 관련 원전 자료

앞에서 살펴본 것처럼, 이맹전과 관련된 자료는 너무나 제한적이어서 그의 삶과 지향을 충실하게 재구성하는 데 분명한 한계를 가진다. 그럼에도 불구하고, 이맹전의 삶을 기록하고 있는 몇몇 문건은 이맹전을 이해하는 데 빠질 수 없는 중요한 디딤돌로 작용한다. 가장 오래된 최현의 기록에서부터 시작해 19세기 초반 이헌경의 「경은선생실기서」에 이르기까지, 몇몇 문헌들은 특히 주목할 만하다. 여러 문헌들 가운데 비교적 상세한 정보를 담고 있는 문헌들을 직접 읽어 보고 내용을 파악해 보는 것은 이맹전을 보다 가까이에서 느껴 보는 계기가 될 수 있을 것이다.

최현崔晛이 쓴 「경은선생사적발耕隱先生史蹟跋」, 「삼인사적三仁事蹟」 중의 「경은선생耕隱先生」 부분, 『일선지一善志』의 「이맹전전李孟專傳」을 시작으로, 송시열宋時烈의 「선산삼인록서善山三仁錄序」, 정제鄭梯의 「용계사기문龍溪祠記文」, 권렴權濂의 「경은이선생행략耕隱李先生行略」, 이상정李象靖의 「경은선생묘갈명耕隱先生墓碣銘」, 이복원李福源의 「경은이공시장耕隱李公諡狀」, 이헌경李獻慶의 「경은선생실기서耕隱先生實記序」를 직접 살펴보면서, 이맹전에게 한 걸음 더 가까이 접근해 보자.

1. 「경은선생사적발耕隱先生史蹟跋」

(최현, 『訒齋先生文集』, 권11)

내가 『산화이씨세보』와 『경은선생사적』을 읽고 가만히 느낀 것이 있었다. 산화이씨는 성주의 큰 집안으로, 역사가 오래되었고 높은 벼슬이 서로 이어져 내려왔다. 선생은 청환현직의 집안에 태어나서 성대하고 밝은 조정에 올라, 맑은 덕과 아름다운 명망이 조정의 고관에 드러났다. 그런데 불행히 중년에 뜻을 꺾을 걱정이 있어, 벽촌에 물러나 편안하고 고요함을 스스로 지켰다. 벼슬하는 것이 뜻이 아니었으나 명성이 날로 따르므로 관례를 따라 사퇴를 청한다고 변할 수 있는 상황이 아니었다. 그러므로 눈이 어둡고 귀가 먹었다고 핑계하고, 문을 닫고 찾아오는 손님을 사절하며, 인사를 끊고 30년을 사람을 피해 살았다. 집에는 거적자리가 없고 식사를 할 때에는 수저조차 없었으나, 처신은 더욱 여유로웠다. 돌아가신 뒤에 자손이 많았으나 다른 고을로 흩어지고 집안이 쇠락하였기 때문에 떨쳐 일어나지 못하였다.

또한 그 평생 동안의 청빈한 절의가 『여지승람』과 점필재 김종직 선생이 찬술한 『이준록』 가운데 간략히 기록되어 있지만, 출처의 의리는 당시에 말하기 어려운 것이어서 드러나지 못하였고, 다만 "중년에 벼슬하기를 즐기지 않고, 향리에 물러나 늙었다"라고 말했을 뿐이다. 후인들 가운데 말로 표현되지 않은 의미를 알아보는 사람이 드물어, 선생의 덕이 마침내 잊히게 되었다.

선생의 증손녀는 바로 나의 모친인데 내가 열 살이 되기 전에 돌아가셔서 나는 이모의 손에 양육되었다. 이모님께서 늘 "집안사람들이 선생께서 스스로 장님과 귀머거리로 핑계한 뜻을 알지 못했는데, 부인이 누차 남녀 종들에게 시험하게 했으나 알지 못하다가 돌아가실 때가 되어서야 알게 되었다"라고 나에게 말씀하셨는데, 그때는 내가 어려서 많이 기억하지 못했다. 그 후에 초간草澗 권문해權文海와 서애 류성룡 선생을 뵈었을 때 이야기가 우리 고을의 일에 관해 이르렀는데, "일선은 참으로 충현의 고을로 보통 사람보다 몇 등급 높은 군자가 여러 분 계시는데, 수재秀才는 알고 있는가?"라고 말씀하셨다. 내가 모른다고 답하자 다음과 같이 말씀하셨다. "고려 말에 김주는 사신의 명을 받들어 명나라에 갔다가 돌아오는 길에 천명이 조선으로 돌아갔음을 듣고 다시 중원으로 들어가 종신토록 돌아오지 않았다. 세종 말년에는 경은선생이 중요한 관직에 있으면서 세상일이 날로 잘못될 것을 알고 벽촌에 물러나 지내며 늙었다. 세조가 양위 받은 후 예닐곱의 신하가 서로 이어 죽었으나, 경은선생은 홀로 장님과 귀머거리를 핑계로 종신토록 벼슬하지 않아 형벌로 죽임을 당하지는 않았으니, 그 기미를 보는 명철함과 은거하는 굳은 의지는 비록 당시의 여러 현인이라도 쉽게 할 수 없는 것이 있었다." 그래서 나는 이렇게 물었다. "두 분 현인께서 이 같은 절의가 있는데도 세상에 드러나지 않은 것은 무슨 까닭입니까?" 그러자 다음과 같이 말씀하였다. "그 절의를 온전히 하면서도 자취를 감추어 사람들이 그 뜻을 알 수 없게 했으니, 이것이 보통 사람보다 몇 등급 높은 것이다."

내가 박수일朴遂一을 만난 지는 오래되었는데, 늘 두 선생이 행한 출처의 의리를 말할 때는 그의 선조 용암(이름 雲)선생이 기록한 것을 보여 주었다. 용암선생은 그리 오래되지 않은 사람으로 보고 들은 것에서 얻을 수 있는 것이 자못 상세했는데, 그 자취가 사라져 전하는 것이 없을까 두려워 그 사적을 기록했던 것이다. 용암선생이 『해동명현록』을 찬술하면서 두 현인을 함께 기록하는 일로 퇴계선생께 편지를 보냈는데, 선생이 답하기를 "두 선생의 행적은 아마도 신중히 헤아려 봐야 할 것이 있는데, 급하게 드러내어 옛사람이 걱정하고 염려한 이치를 범해서는 안 될 것입니다"라고 하였다. 그래서 『명현록』을 찬술할 수 없었지만, 한 편의 기록으로 그 후인에게 남긴 것이 어떻게 의미가 없겠는가? 이때부터 내가 두 선생의 출처 행적을 수집할 뜻이 있었지만 달리 모을 만한 자료가 없었는데, 선생의 아우 공희공이 기록한 행장과 유고 두 질을 또한 병화에 잃고 말았으니 더욱 한탄스럽다.

아! 나라에 사건이 많았던 때와 나라에 임금이 없던 날에, 절의를 온전히 실천하고 빈천한 가운데서도 편안했던 사람이 실로 드물었다. 질병을 핑계로 은거하여 산야에서 몸을 마쳤으나 후회하지 않았던 사람은 한나라의 공승, 진晉나라의 도연명, 당나라의 견제 등 몇 사람이 있을 뿐이다. 당시 사람들 또한 이들을 헤아려 이해할 수 없었던 것과 마찬가지로, 선생의 뜻을 세상 사람들이 알지 못하는 것에 대해 의혹을 가질 것이 없다. 알거나 알지 못하는 것이 선생의 높은 의리를 더하거나 빼는 것은 아니지만, 우리처럼 같은 고을 사람으로 진정 선현을 존중하고 덕을 사모하는 정성이 있다면, 그 잠겨 있는 덕의 그윽한 광채를 발휘하도록 해서 맑은 바람을 후인에게 흘려보낼 것을 생각하지 않을 것인가?

옛사람이 말한 '향선생鄕先生'이란 돌아가신 후 고을의 사당에서 제사를 받들 수 있는 분인데, 바로 이분이다. 그러나 텅 빈 산에 잡초가 만연하고, 쪼개진 비석이 기울어진 채 백년 남짓한 세월이 흐르도록 향화가 적막하고, 우리 충현의 고을에서 사실을 설명하는 것도 없이 오늘에 이르러, 멀어질수록 더욱 어두워지고 말았다. 이것이 바로 초간 권문해, 서애 류 선생이 입을 모아 찬탄을 아끼지 않고, 박 군이 그 선조의 기록을 지극한 정성으로써 잊지 못하고 일컫는 까닭이다.

내가 비록 문장에 뛰어나지 못하지만, 오직 자취가 사라져 없어질까 두려워 삼가 자손이 찬술한 선생의 사적을 토대로 하고, 박 군의 집에 소장한 기록과 어른들에게 전해진 이야기를 참고하여 그 대략을 위와 같이 기록한다.

외현손 최현이 발문을 쓰다.

余閱山花李氏世譜及耕隱先生事蹟, 竊有所感焉. 山花李氏, 星州之大族, 歷年彌久, 簪組相望. 至於先生, 生淸顯之門, 而登盛明之朝, 淸德令望, 著于朝右. 不幸中年, 有憂違之志, 退伏鄕曲, 恬靜自守. 仕宦非意, 而名聲日逐, 非循例辭退之可免. 故托以昏瞶, 杜門謝客, 斷絶人事, 索居三十餘年. 家無苫席, 食無匙箸, 而處之益裕. 身歿之後, 子孫衆多, 散處他鄕, 家事零落, 因以不振.

且其平生淸苦之節, 略見輿地勝覽及佔畢所撰彝尊錄中, 而出處之義, 則當時所諱, 故沒而不闡, 但云中年, 不樂仕宦, 退老鄕里而已, 則言外之旨. 後人鮮有知者, 先生之德, 終至於泯泯焉.

先生曾孫女, 寔余先妣, 余未十歲見背, 鞠於從母. 每言家人, 不識先生託盲聾之意, 夫人屢使婢僕試之, 猶不能識, 及臨歿, 乃知之語. 余時尚少, 多不記憶. 其後, 見草澗權斯文, 西厓柳先生, 嘗語及吾鄉事, 謂曰, 一善固是忠賢之鄉, 而高人數等者, 有數君子焉, 秀才知之乎. 余曰未也. 曰麗未, 金某, 諱澍, 奉使赴京, 聞天命有歸, 還入中原, 終身不返. 英廟末年, 李某耕隱先生, 以名宦, 知時事日非, 退老鄉曲. 禪受之後, 六七臣相繼就死, 而李獨託於盲聾, 終身不仕而免於刑戮, 其見幾之明, 高蹈之堅, 雖當時諸賢, 亦有所難. 曰兩賢有如是節行, 而不顯於世何耶. 曰全其節而晦其跡, 使人莫得以知其意, 此其高人數等處也.

余與朴君遂一相從久, 每稱兩先生出處, 示其先祖龍巖先生(諱雲)手錄. 蓋龍巖近古人也, 得於見聞者頗詳, 而恐其泯沒無傳, 略記其事蹟. 龍巖嘗欲撰海東名賢錄, 而以兩賢竝錄事, 抵書于退溪先生, 答以數公之事, 恐在所商量, 未可遽然揭出, 以犯古人所謂慮患之道也云. 名賢錄, 旣未得撰出, 則一編手錄, 以遺其後者, 豈無意歟. 自是余有志於裒集兩先生出處行跡, 而無他可徵, 先生之弟恭僖公所記行狀及遺稿二峽, 亦失於兵中, 尤可歎也.

噫! 邦家多事之時, 故國無君之日, 全節義而安貧賤者, 固罕其人. 而託疾遯世, 終身丘壑而不悔者, 漢之龔勝, 晉之淵明, 唐之甄濟數人. 而時人亦莫能窺測, 則先生之志, 無惑乎世人之不識也. 識與不識, 非所以加損於先生之高義, 而生吾一鄉者, 苟有尊賢慕德之誠, 則其不思所以發潛德之幽光, 激淸風於後來也哉.

古人所謂鄕先生歿而可祭於社者, 其在斯人. 而空山蔓草, 短碣

欹側, 百許年來, 香火寂寥, 使我忠賢之鄕, 無所尊述, 以至于今,

愈遠而愈晦. 此權斯文柳先生之所以嘖嘖稱歎, 而朴君之所以

惓惓於其先人之所記而托之者也.

余雖不文, 惟是泯滅是懼, 謹因子孫所撰先生事蹟, 參以朴君家

藏手錄及傳誦於父老者, 而誌其梗槪如右.

外玄孫崔晛跋.

2. 「삼인사적三仁事蹟」중의「경은선생 耕隱先生」부분(최현, 『訒齋先生文集拾遺』)

선생의 성은 이李이고, 이름은 맹전孟專이며, 자는 백순伯純이고, 호는 경은耕隱이다. 대대로 성주의 북면 명곡촌에 살다가, 부친인 판서공 때 금오산 아래 낙동강의 서쪽인 선산 남면 형곡촌으로 옮겨 살았다. 선생은 명문집안에 태어나 일찍 과거에 급제하여 한림에 뽑혔고, 세종 때에는 사간원정언과 지제교의 벼슬을 지냈으니, 이름이 일찍부터 알려졌다. 중년에는 세상일이 어렵고 위태로워지는 것을 보고 외직外職을 자청自請해 거창현감居昌縣監으로 부임해 청백으로 알려져 청백리로 기록되었다.

단종 갑술甲戌년(1454) 세상일이 급변하자 선생은 더욱 자신을 감추고 세상에 대한 뜻이 없어 망장촌으로 물러나 '눈멀고 귀

154

먹었다' 고 핑계하면서 손님과 벗들을 사절하였다. 집안사람들이 왜 그렇게 하는지 까닭을 물으면 수양한다고 말하였다. 또 초하룻날이면 늘 해가 뜨는 동쪽을 향해 절을 하는 것을 보고 집안사람들이 왜 그렇게 하는지 까닭을 물으면 "나의 병이 나아지길 기도한다"고 말하였다. 그리고 스스로 "눈은 어두워 보이는 것이 없고, 귀 또한 듣지 못하니, 듣지도 보지도 못하는 것이 바보와 다름없구나"라고 말하였기 때문에 집안사람과 아녀자들도 그것이 핑계인 줄 알아차리지 못하였다.

김숙자 선생과 평생 도의道義로 사귀었고, 점필재佔畢齋(김종직)선생이 찾아와 이야기를 나누면 마음속을 드러내 보이며 이야기하는 것에 장애가 없으니, 점필재가 "우리 선생님의 병환病患이 거의 나은 것 같습니다"라고 말하였다. 이 말을 듣고 선생께서는 "병이 나은 것이 아니라, 초가 오두막에서 죽어 갈 것이라 생각했는데 이렇게 군자를 만나 보니 저절로 마음에 쌓인 것이 모두 풀린 것 같아서 그렇네"라고 말하였다. 김 선생이 그 숨겨진 뜻을 알아차리고 얼굴 표정을 가다듬고 더욱 공경하였으며, 마음을 드러내고 서로 잔을 권하다가 시간을 잊고 돌아갔다. 부인 김씨가 이것을 보고 눈이 어둡고 귀가 멀었다는 것이 거짓인 줄 알게 되었다. 선생이 마루에 계실 때, 말리기 위해 앞뜰에 널어둔 곡식을 닭과 참새들이 다 쪼아 먹어도 내버려 두고 사람들에게 말하지 않으므로, 임종할 때에서야 집안사람들이 비로소 사실을 알게 되었다.

　선생은 효성이 지극하여 부모님이 살아 계실 때 섬기는 것과 돌아가신 후의 장례와 제사가 예법에 어긋나는 것이 없었다. 사람을 대할 때에는 공손하였고, 실없는 농담이나 웃음이 많지 않았다. 물건을 볼 때에도 담담하여 욕심을 부리지 않았으며, 청렴淸廉함과 검소儉素함으로 집안을 다스려 법도가 엄중嚴重하였다. 집안사람들이 말 타고 종 데리고 다니는 것을 금하면서, "어버이의 병이 이렇게 깊은데, 너희들이 말을 타고 종을 따르게 하는 것이 진정 어떻게 편안할 수 있겠는가?"라고 말하였는데, 집안사람들과 자손들이 백 리 먼 길이 아니면 말을 타지 않고 걸어 다녔다.

　셋째 아들 돈惇이 군위軍威 처가妻家를 내왕來往할 때에 편히 말을 타고 다니지 않았는데, 하루는 연향延香 땅에 이르렀을 때 한 농부가 노루를 잡아 오는 것을 보았다. 돈이 병으로 계시는 어버이를 봉양하기 위해 그 노루를 얻어 등에 지고 망장網障에 돌아왔는데, 거리가 20여 리나 되었다. 집안사람이 모두 이렇게 검소하게 생활하였는데, 한 후배가 "선생께서 산 아래에서 평생을 보내느라 집이 이렇게 가난하니, 자손들에게 걱정이 될까 두렵습니다"라고 말하자, 선생이 "청빈淸貧함을 집안에 물려주는데, 무엇이 나쁘겠는가?"라고 답하였다.

　점필재선생이 그의 『이준록』에 선생을 스승의 자리에 기록하며, "겉과 속에 잘못이 없고, 물건을 가지고 다른 사람과 다툼이 없으며, 중년에 벼슬을 좋아하지 않아 망장촌網障村으로 물러나 나이 90에 이르렀고, 부인 김씨도 무양無恙하였다"라고 적었다. 비록 당시에는 함부로 입에 올릴 수가 없어 감히 사실 그대로 쓸 수는 없었으나 그 숨겨져 있는 의미는 이미 드러나 있다.

선생의 동생으로 이름이 계전季專인 참판參判 공희공恭僖公이 선생의 처신과 시종始終을 상세하게 기록한 것이 있었지만 난리가 일어났을 때 없어졌고, 선생의 유고遺稿 두 질帙도 전쟁 중에 잃고 말았다.

선생은 조선 태조원년太祖元年인 임신壬申년(1392)에 태어나 성종 11년인 경자庚子년(1480)에 서거逝去하니 향년 89세였다. 선산부善山府 동쪽 연향延香의 남쪽에 있는 미석산彌石山 서향西向의 언덕에 장사 지냈는데, 낮은 비갈만 있고 글은 없으며, 부인 김씨의 묘가 그 앞에 있다. 선생은 직제학直提學 김성미金成美의 딸(按廉使 申祐의 外孫女)과 결혼하여 4남 1녀를 낳았다. 첫째 아들은 조산대부행대구교수朝散大夫行大丘敎授 순恂이니, 적손嫡孫은 청하현감淸河縣監 보원堡源이고, 외손으로 수찬修撰 이덕수李德洙, 도사都事 이덕사李德泗, 판서判書 정경세鄭經世가 있다. 둘째 아들은 상주의 천惴이니, 외손에 현감 이진李軫, 이보李輔, 승지 최현崔晛, 진사 신적도申適道, 장령 신달도申達道, 좌랑佐郞 신열도申悅道가 있다. 셋째 아들은 의성義城의 돈惇이니, 외손으로 목사牧使 김용金涌, 진사進士 이영남李榮男이 있다. 넷째 아들은 이怡이니, 외손에 진사 김안절金安節, 생원 김광계金光繼, 진사 박홍경朴弘慶, 유학幼學 송광홍宋光弘이 있다. 딸은 선산의 보덕輔德 박사제朴斯悌에게 출가했다. 후손들이 성주에는 많이 살지 않으며 영천에 약간 더 많이 살고 있다. 6대 장손 사과司果 희방希芳과 그 아들 감坎, 지손인 생원 희양希陽과 그 아들 득주得澍, 득격得激이 선생의 산소를 받들고 있다.

전주全州 최현崔睍 삼가 지음

耕隱先生

先生姓李, 諱孟專, 字伯純, 號耕隱. 世居星州北面楡谷村, 自先考諱審之判書公移居善山南面荊谷村. 在金烏山下洛水之西, 先生生長名門, 早擢高第, 選補翰林, 世宗朝, 歷司諫院正言, 知製敎, 聞望夙著. 中年見時事艱危, 力求補外, 得居昌縣監, 以淸白聞, 錄淸白吏.

景泰甲戌間, 時事一變, 先生益自韜晦, 無意世念, 退老綱障村, 託跡盲聾, 謝絶親朋. 子弟問其故則曰, 修養所忌. 朔日每向朝暾而拜, 子弟問其故則曰, 祈禱已疾. 嘗自吟曰, 眼欲昏昏耳欲聾, 見聞無敏與癡同, 雖家人婦子, 莫能測識也.

與司藝金先生諱淑滋爲平生道義之契, 佔畢齋入語則披露心曲, 應答無礙, 畢齋曰, 我先生之疾, 今庶幾矣. 先生答曰, 疾非庶幾也, 阽死蓬廬, 旣見君子, 自不覺心胸豁然也. 金先生識其微意,改容加敬, 至於吐款相對, 勸酬杯酌, 忘其早暮而歸. 夫人金氏以此知盲聾之非眞也. 先生處于廳事, 曝穀在前, 每爲鷄雀啄盡而任其攤棄, 未嘗語人, 至臨沒, 一家子弟始知之.

先生誠孝出天, 生事葬祭, 一遵禮文. 待人恭而少戲笑. 視物淡而無所嗜, 清儉爲家, 閫範嚴肅. 禁子弟騎從曰, 親病如此, 乘馬從徒, 情豈自安乎, 家人子孫, 非百里之遠, 則皆舍馬而徒.

第三子惇往來軍威聘家也, 未嘗以騎從自逸, 一日至延香, 有農者追捕獐兒. 惇爲奉病親, 乞其獐, 負入網障村, 相去二十餘里. 一家儉素如此, 有一後生問曰, 先生林下百年, 家徒四壁, 恐爲子孫憂, 先生曰, 貧窶傳家, 何病乎.

佔畢齋先生撰彝尊錄, 記以師友之列而書曰, 表裏無瑕, 與物無競, 中年不樂仕宦, 退老網障, 年至九十, 夫人金氏亦無恙云云. 雖以當時所諱, 不敢直書, 而微意已見.

先生弟參判恭僖公諱季專記先生出處終始, 其說頗詳, 而亂離散失, 先生私稿二秩, 幷失於兵火中.

先生生于洪武二十五年壬申, 終于成化十六年庚子, 享年八十九. 葬于善山府東延香之南彌石山西向之原, 有短碣而無文, 夫人金氏之墓在其前. 先生娶直提學金成美之女, 善山人(爲尙州按廉使申祐之壻), 生四男一女. 男一曰朝散大夫行大丘敎授恂, 嫡孫淸河縣監垹源, 外孤有修撰李德洙, 都事李德泗, 淸州判書鄭經世. 尙州曰愷, 外孤有縣監李軡李輔, 軍威承旨崔晛, 善山進士申適道, 掌令申達道, 佐郎申悅道. 義城曰惇, 外派有牧使金涌, 進士李榮男. 曰怡, 外派有進士金安節, 生員金光繼, 禮安進士朴弘慶, 幼學宋光弘. 善山女適輔德朴斯悌. 姓孫之在星州者無多, 在永川者稍多. 六代長孫司果希芳, 其子, 支孫生員希陽, 其子得澍, 得澂得以奉先生丘壟.

3. 「선산삼인록서善山三仁錄序」
(송시열, 『宋子大全』, 권137)

　　선산善山은 옛날부터 훌륭한 선비와 이름이 알려진 사람이
많았다. 남산사南山祠에서 향사享祀하는 네 선생(四先生: 吉再·金宗
直·鄭鵬·朴英)은 본래 널리 알려진 분들이고, 그 외에도 서로 같
은 일을 한 것은 아니지만 인仁을 실천한 것에서 같은 점이 있는
세 분이 있으니, 농암선생籠巖先生 김주金澍, 단계선생丹溪先生 하위
지河緯地, 경은선생耕隱先生 이맹전李孟專이다. 기記에 "인仁을 실천
하지 못한 것이 오래되었다"라고 하였다. 대체로 은나라 같은 큰
나라에서도 오직 세 사람(箕子·微子·比干)이 있었을 뿐이었다. 그
런데 선산善山은 우리 동방東邦의 작은 고을로, 그 존숭하고 칭찬
하면서 인자仁者라고 부르게 된 사람이 은나라와 어깨를 나란히

하게 되었으니, 아! 이 얼마나 훌륭한가.

어떤 이가 힐난하면서 "'인도仁道'는 지극히 커서 성인聖人역시 함부로 '인자'라 부르지 않았는데, 이제 특이한 한 가지만가지고서 그런 명예를 얻는 것은 너무 지나친 것이 아닌가?" 하였다. 이 물음에 나는 다음과 같이 답하였다. 물론 전체全體에서말한다면 진정 쉽게 말할 수 없는 것이지만, 오직 그 본심을 보존한 것과 일의 처리가 공적인 천리天理와 일치하고 사적인 인욕人欲이 없다면, 이것은 인仁이라 부르지 않을 수 없는 것이다.

성문聖門(공자의 문하)에서 말하더라도, 여러 제자들 가운데 하루에 한 번 인을 실천하기도 하고 혹은 한 달에 한 번 인을 실천하기도 하는 것에 대해서도 인仁이라고 불렀다. 그런데 더구나고국故國과 처자妻子를 마치 헌신짝처럼 버리고 형초荊楚에서 생을 마치면서도 조금도 후회하지 않았던 농암籠巖을 어떻게 제나라를 떠난 지 얼마 되지 않아 다시 돌아온 진문자陳文子 같은 사람에 비교할 것이겠는가. 그리고 이른바 몸을 죽여서 인仁을 이루고 구차하게 목숨을 구하여 인을 해치지 않는다는 말대로 실천한사람은 단계丹溪를 꼽을 수 있겠으며, 경은耕隱의 경우는 마치 장님이나 귀머거리처럼 살면서 그 뜻을 이루었으니, 이는 또한 머리를 풀어헤치고 거짓으로 미친 척하면서 수난을 겪은 기자의 뜻이 아니겠는가.

이 세 사람은 비록 전체를 가지고 논할 수는 없지만, 그 변고를 당해 바름(正)을 잃지 않고 각기 본심本心의 편안함을 얻은 것은 천리에 합하고 인욕이 없는 것을 거의 실천한 것이고, 또 "살아서는 뜻을 같이하고, 죽어서는 전傳해지는 것을 같이했다"라고 말할 만하다. 선산善山의 선비들이 하나같이 이분들을 존숭하여 '삼인三仁'이라 부르고, 이분들의 사적을 뽑아 한 권의 책册으로 편집하여 영원히 후세에 전하려고 하는 것은 너무도 당연한 일이다.

경은耕隱의 5대손五代孫인 성산星山 이상일李尙逸(자는 汝休)이 이제 강원도관찰사江原道觀察使로 있으면서 이 책을 간행하여 세상에 유포하였다. 그런데 이 책을 얻어서 읽어 보고, 감명을 받아서 뜻이 생겨나고 숙연해져 공경심을 가지며 완악頑惡한 마음이 청렴해지고 나약한 마음이 굳세게 되지 못한다면, 이 사람은 진정 인심人心이 없는 사람이라고 할 수 있으니, 비록 백이伯夷·숙제叔齊와 함께 살더라도 또한 어떻게 하겠는가.

숭정 무신년(1668, 현종 9) 맹하일孟夏日에 은진 송시열이 쓰다.

善山自古多賢士聞人. 南山祠所祭四先生固尙矣, 而餘外又有不同於事, 而同於仁者三人焉, 曰籠巖金先生澍, 丹溪河先生緯地, 耕隱李先生孟專. 記曰仁之難成久矣. 夫以有殷天下之大, 而惟有三人焉. 今善山以東偏之一邑, 而其尊尙稱道而謂之仁者, 與之齊焉, 嗚呼! 何其盛哉.

或有難之者曰, 仁道至大, 聖人未嘗輕以許人, 今以一節之偏而得其名, 無乃過歟. 曰語其全體則誠有未易言者, 惟其存心處事之際, 合乎天理之公而無人欲之私, 則抑不可不謂之仁也.

以聖門言之, 諸子有日月至焉, 而猶謂之仁焉. 則況如籠巖之棄鄉國與妻子如視弊屣, 終於荊楚而莫之悔, 豈與陳文子之去齊未久而復反焉者比耶. 其所謂殺身成仁, 而無求生以害仁者, 丹溪可謂云爾, 而託於盲聾, 以遂其志, 亦豈慕被髮佯狂, 蒙難明夷之義耶.

斯三人者, 雖不可以全體論之, 而其遭變事而不失其正, 各得乎本心之所安, 則其所謂合天理而無人欲者, 殆庶幾焉, 而亦可謂生同志死同傳者矣. 宜乎善山之士一體尊慕, 號爲三仁, 摭其事實, 編爲一册, 將以傳於久遠也.

耕隱耳孫星山李尙逸汝休今爲關東伯, 剞劂而行于世. 其獲而讀之者, 有不蹶然而起, 肅然而敬, 廉其頑而立其懦者, 眞所謂無人心者, 雖夷齊與居, 亦將如之何哉.

時崇禎戊申孟夏日 恩津宋時烈序.

4. 「이맹전전李孟專傳」(『一善志』)

　　자는 백순이고, 병조판서 심지의 아들이다. 판서가 공부전
서工部典書 여극회呂克誨의 딸에게 장가든 후, 비로소 이곳 선산에
와서 금오산 아래 형곡리에 살았다. 자녀를 아홉 낳았는데, 선생
이 장남이다. 선생은 판군기시사判軍器寺事 김성미의 딸에게 장가
들어 망정리網正里에 살았다. 세종 9년 정미년(1427)에 문과에 급
제하여 한림에 뽑혔다. 뒤에 사간원좌정언, 지제교, 소격서령이
되었다가, 외직으로 나가기를 자청해 거창현감이 되어 청백으로
알려졌다.

　　세상일이 어렵고 위태로워지는 것을 알고, 관직을 버리고 집
으로 돌아가 소경과 귀머거리로 핑계하여 문을 닫고 손님을 사절

하였다. 노산군(단종) 초에 여러 차례 불렀으나 관직에 오르지 않고, 더욱 스스로 자취를 감추어 시골에서 여생을 마쳤다. 부인 김씨와 함께 모두 90세에 세상을 떠났다. 집이 가난하여 앉을 때에 거적자리가 없었고, 식사할 때에는 수저도 없었으나 기쁘게 지내고 개의치 않았다.

자손이 많았고, 출입할 때에 말을 타지 않고 도보로 다녔다. 그의 행적이 「청백전淸白傳」에 실려 있다. 사예 김숙자가 선생과 함께 도의로 사귀었고, 선생이 만년에 질병을 핑계로 인사를 사절했으나, 오직 점필재 선생이 찾아와 뵈었을 때 문을 닫고 마음속 이야기를 종일 나누다가 혹 노래로 화답하였다. 비록 한 집에 사는 처자라도 선생이 장님이라 핑계한 뜻을 몰랐는데, 임종에 이르러서야 비로소 그것을 알았다. 경은이라 자호하였고, 기록한 잡집雜集 한 권은 병화에 소실되었다.

○ 대대로 선산에서 살았다. 관직이 여러 번 승진하며 사간원 정언, 지제고, 소격서령을 역임하였다. 중년에 벼슬하기를 즐기지 않고 향리에 물러나 지냈다. 겉과 속에 어떤 잘못도 없었고, 물건을 가지고 사람과 다투는 일이 없었다. 올해 90세이고, 부인인 김씨도 또한 86세로, 모두 병이 없다.(『彝尊錄』)

○ 성품이 고요히 물러나기를 좋아하였고, 전 사간원정언으로
서 망정리에 물러나 살았다. 나이가 90세에 이르렀다.(『輿
地勝覽』)

『이준록』과 『여지승람』을 살펴보니, 다만 벼슬을 즐기지 않
고 고요히 물러나기를 좋아했다고만 말했을 뿐, 절개를 굳게 지
켜 두 마음을 갖지 않은 뜻은 언급하지 않았다. 당시에는 함부로
입에 올릴 수가 없었을 것이지만, 은미한 뜻이 이미 드러나 있다.

字伯純, 兵曹判書審之之子也. 判書娶工部典書呂克誨之女, 始
來本府, 居金烏山下荊谷里. 生子女九人, 先生長也. 先生娶判
軍器寺事金成美之女, 居網正里. 世宗九年丁未登文科選補翰
林. 後爲司諫院左正言知製敎昭格署令, 乞外補爲居昌縣監以淸
白聞知.
時事艱危棄官歸家托, 以盲聾杜門謝客. 魯山初累召不起, 愈自
晦迹終老丘園. 與夫人金氏年皆九十而卒. 家貧坐無笆席食無
匕筯, 而怡然不以爲意.
子孫衆多, 出入無騎或徒步而行. 事載淸白傳. 金司藝淑滋與先
生爲道義交. 晚年托疾謝絶人事, 惟佔畢齋先生入謁, 則閉門心
語終日不厭或爲唱酬. 雖一家妻拏莫知其托盲之意, 至臨歿始知
之. 自號耕隱, 所記雜集一卷 失於兵火.

○ 世居善山. 累官至司諫院正言, 知製敎, 昭格署令. 中年不樂

仕, 退去鄕里. 表裏無瑕, 與物無競. 今年已九十, 夫人金氏亦

八十六皆無恙. 彛尊錄

○ 性恬退以前正言退去于綱正里. 年至九十. 輿地勝覽

按彛尊錄及輿地勝覽只言不樂仕恬退而已, 不及堅節不貳之意.

盖爲時諱之而徵意已見.

5. 「용계사기문龍溪祠記文」(정제, 『南窓集』)

　　남명南冥 조식曺植 선생이 『두류산유록頭流山遊錄』에서 고금
의 현명한 사람을 논할 때에 행불행幸不幸 세 글자로 한 구절을 맺
었다. 퇴계 이황 선생이 발문을 지어 "남명의 이 말은 진정 천고
千古의 영웅을 탄식하게 만들고 귀신을 울게 하였다"라고 말하였
다. 내가 일찍이 이 의미를 우리나라 400년 동안에 적용해 보니,
도를 안고 덕을 품고 세상에 쓰인 영웅호걸 중에 행운이 있는 사
람은 몇 사람이고, 불행한 사람은 또 몇 사람이었나. 대체로 세상
을 돕고 풍속을 바로잡아 이로운 혜택이 백성에게 미치고 이름이
후세에 전하여지면 이것이 진정 행운일 것이다. 혹 몸이 곤궁하
거나, 시대를 잘못만나 몸이 고생하고, 이름이 티끌 속에 파묻히

게 되면 어떻게 불행한 것이 아니겠는가? 그러나 그 행운이 있는 사람이 한결같이 숭상 받지도, 불행한 사람 역시 끝내 불행으로 끝나지 않으니, 기강을 바로잡고 늘 하늘과 땅을 법으로 삼아야 한다. 쇠가 백 번 불에 달구어질수록 더욱 광채가 나고 물이 만 번 꺾어 흘러도 반드시 동쪽으로 가는 것과 같이, 앞에서는 엎어 져도 뒤에서는 다시 일어나고, 일시적으로는 굽혀도 오랫동안 펼 쳐 나갈 수 있으며, 우주를 버티고 일월日月에 비치면, 곧 지난 번 말한 '불행이 마침내 행운이 되지 않는 것이 없다' 는 것이다. 그 러면 그 행운과 불행이 모두 하늘이 하는 것이지 사람이 하는 것 은 아닐 것이다.

이런 뜻을 내가 단종 때의 여섯 신하에 적용해 보니, 이 여섯 신하는 세종 때에 특별히 뛰어났기 때문에, 일찍이 문종文宗에 의 해 키워지는 은혜를 입었다. 모두 군자의 처신하는 의를 알아서 세조가 왕위를 물려받을 때 문종을 섬기던 온전한 마음으로 의를 지켜 세조에 굴하지 않고, 가마솥에 삶아 죽이는 것도 사양하지 않았으며, 인륜을 지켜 마음이 스스로 편안해졌으니, 그때의 불 행이 어떠했겠는가? 그래서 퇴계선생이 말한 것처럼, 남명南冥선 생의 말에 어떻게 감읍感泣하지 않겠는가? 임금의 덕이 관대할 때 에는 엎어진 동이 아래에도 빛이 비치며 이미 다 꺼진 잿불에서 불씨가 생겨나고 꺼꾸러진 뿌리에도 생기가 돌아오는 것과 같이, 관작官爵을 새로 주고 제사를 받들게 하니, 앞에서 말한 '불행한 사람이 끝내 불행으로 끝나지 않는다' 는 것을 과연 믿지 않을 수 있겠는가? 여섯 신하 외에 또 여섯 신하가 있다. 목숨을 버리는 것과 자취를 감추는 것이 행적은 비록 다르지만, 의를 지키고 절개를 온전히 하는 그 마음은 다르지 않았으니, 세상에서 생육신이라 부른다. 경은耕隱 이 선생은 그 가운데 한 사람으로, 곧은 충성과 절의는 다른 사람과 같고, 불행不幸이 다시 행운이 되는 것 또한 같으니, 크게 사모하고 존숭尊崇하며 감탄하기도 하면서 마음에 슬퍼하고, 입에서는 경탄하지 않을 수 없었다.

이에 나의 오랜 벗인 이태화李台華(자는 景三)가 그 『세보世譜』와 『삼인록三仁錄』 두 책자를 가지고 나에게 와서 "경은 이 선생에 대해 자세히 아는가? 선생은 나의 9대조이다. 그 선조는 성주(碧珍) 사람으로, 문벌이 좋은 명문의 자손으로 나라의 대성大姓이다. 선생의 아버지 판서공判書公이 성주에서 선산으로 이사를 하여 선산 사람이 되었다. 선산은 영남의 이름난 고을로, 산천이 수려하고 영재들이 배출되었으며, 야은冶隱 길재吉再 선생과 농암籠巖 김주金澍 선생 같은 분이 절의로 이름이 알려졌다. 그러므로 우리 선조는 시례詩禮의 가정에 태어나 예의禮義의 고을에 자라나 일찍이 급제하여 당시에 명성을 떨쳤고, 한림원翰林院을 거쳐서 사간원司諫院에 올라 명성과 덕망이 일찍이 드러났다. 세종 말기에 세상일이 잘못될 기색을 미리 알아채고 외직을 청원해 현감縣監으로 나가 청백리로 이름이 났다. 단종 2년인 갑술甲戌년(1454)

에 더욱 벼슬하는 것에 뜻이 없어 초야에 자취를 감추고 문을 닫고 손님을 사절하면서 귀먹고 눈이 어둡다고 핑계하며, 매일 해가 뜰 무렵 동쪽을 향하여 절을 하였다. 집안사람들이 그 이유를 물으면 "몸에 병이 있어 기도한다"고 답하였다. 두 가지가 아닌 마음을 숨기고 그 가운데 굳은 절벽처럼 서서 죽기를 맹세코 변하지 않으니, 그 뜻은 집안사람도 알아차리지 못하였다. 가난하게 삼십여 년을 살면서 밥 먹을 때 수저를 갖추지 못하고, 앉을 때에 거적자리가 없어도 걱정하지 않았다. 자손들에게 백 리 먼 길이 아니면 수레를 타지 못하게 하였다. 오직 점필재佔畢齋 김 선생은 그 부친이 도의로 사귀었으므로 자주 찾아와 문안하였는데, 그 은미한 뜻을 알고는 자세를 가다듬어 더욱 공경하였다. 성종 11년인 경자庚子년(1480)에 향년 89세로 세상을 떠났다. 선산의 동쪽 연향延香의 남쪽 미석산彌石山 묘좌卯坐 언덕에 장사하였다. 선생은 평일에 일찍이 자손에게 훈계하기를 "내가 죽은 뒤에 비갈의 문자를 새기지 말라"고 하였다. 지금 비는 있고 문자가 없는 것은 그 유지를 따랐기 때문이다. 부인은 일선김씨一善金氏로 직제학 성미成美의 딸이며, 묘는 선생의 묘 앞에 있다. 그 뒤 9대에 이르러 종사宗嗣가 끊어져서 사당祠堂과 묘소에 제사祭祀가 끊어진 것이 오래되었다. 사림이 비록 선산의 월암月巖과 함안의 서산서원 등에서 향사享祀를 지내고 있지만, 자손들의 봉사奉祀는 빠져 있다. 그래서 우리 지파支派의 영천에 있는 사람들이 멀리 제수祭需를 갖추고 가서 제사 지내는 예를 100리 밖에서 행하며, 조상의 제사에 정성을 다하고, 조상의 은혜에 보답하는 뜻을 실천하고 있다. 옛적 숙종 24년 무인戊寅년(1698)에 은유恩宥를 크게 내리어 장릉莊陵을 복권하고 여섯 신하의 원통함을 풀어주었는데, 우리 선조도 역시 이 가운데 포함되었다. 그늘 속에 있다가 다시 햇빛을 보게 되니 공사公私가 함께 기뻐하고, 귀신과 사람이 서로 감동하였다. 지금의 임금께서 무인戊寅년(1758)에 또 지나간 해의 은유恩宥를 따라 다시 여섯 신하에게 증시贈諡하는 일이 있었는데, 우리 선조가 여섯 신하의 충절忠節과 다름이 없으니 조만간 조정에서 증시하는 은혜를 우리 선조에게도 베풀 것이지만 사당祠堂도 없어 받아들이지 못할 처지라, 영천에 사는 여러 친족들이 서로 의논하여 기묘己卯년(1759)에 11대손 몽신夢臣의 집 옆에 사당(龍溪祠)을 세웠는데, 몽신은 지손 중 소종小宗이다. 이것에 의지해 별도로 제사를 올리기 위해 사당 건물이 이미 경진庚辰년(1760) 10월에 완성되었고 단확丹雘(단청)을 하였으므로 장차 모월某月 모일某日에 위패를 봉안하려 한다. 비록 예에 규정이 없는 경우 인정人情이 편안한 곳이 곧 예이기는 하지만, 그래도 자손 중에 의義를 명분으로 일어나 반대하면 과연 해로움이 없겠는가?' 라고 묻기에 나는 "선생의 맑은 덕과 절의는 진정 기개氣槪가 있는 사람이라면 같이 우러러 공경하지만, 제사를 지내지 못한다면 그것이 어떻게 자손들만의 통한이 되겠는가? 이제 자네가 하는 일이 진정 좋은 것이지만, 종손宗孫이 끊어져 대가 다한 신주神主를 지손支孫들이 다시 만들 수는 없다고 하는 것이 한강寒岡 정구鄭逑 선생의 말씀인데 혹시 사람들이 물으면 어떻게 하겠는가?"라고 답하였다. 이태화가 다시 "그것은 그렇다 하더라도, 우리 선조가 유궁儒宮에서 제사를 받는다면 그 신주는 부조不祧가 마땅하지만, 종가의 일을 의탁할 곳이 없으니 비록 지손支孫이라도 권도權道로서 받드는 것이 어떻게 문제가 되겠는가?"라고 말하였다. 내가 다시 대답하기를 "한강 정구 선생이 또 말하기를 화재가 나서 모두 타 버린 집에 신주를 둘 곳이 없으면 혹 묘소에 가서 제사한다 하였으니, 이제 한강의 이 말로 예의 변통變通하는 증거證據로 삼으면 혹 옛사람이 말한 예 없는 가운데의 예가 아니겠는가?"라고 말하였다. 이태화가 다시 "그렇다면 이 사실事實을 써 달라"고 말하기에 내가 이렇게 문답한 것을 적어 기문으로 삼는다.

曹南冥頭流山遊錄中, 論古今明哲, 而以幸不幸三字一筆句斷. 退陶先生跋之曰, 南冥此語眞可以發千古英雄之歎, 而江鬼神於冥冥中. 余嘗試以此意驗之於國朝四百餘年之間, 凡英傑之士抱道懷德, 出爲世用者, 其幸者幾人, 不幸者又幾人哉. 夫輔世救俗利澤及於民, 而名聲垂於後, 則是固幸矣. 而或窮於身, 而屯於時身, 膏斧鑕名沒塵埃, 則豈非不幸之甚耶. 然而其幸者, 固尙矣, 其不幸者, 亦不終於不幸, 有扶綱植, 常經天緯地. 如金百鍊而金光, 若水萬折而必東, 顚路於前而竪起於後, 屈於一時而伸於百代, 撑宇宙而照日月, 則向所謂不幸卒未嘗不爲幸也. 然則其幸與不幸皆天也, 非人也.

是義也, 吾於莊陵朝六臣見之六臣者, 英廟朝耄俊也, 早被聖朝培養之化. 皆知君子立身之義, 當光朝受禪之際, 專心所事守義不屈, 蹈鼎鑊而不辭, 樹倫常而自靖, 則時之不幸何如哉. 能不感泣於南冥之語, 如陶翁之云耶. 及夫聖德天容, 覆盆改照, 煖生於旣寒之灰榮回於已倒之根, 官爵以贈之俎豆以享之, 向所謂不幸不終爲不幸者, 果不信歟. 六臣之外又有六臣者. 在殺身遯踪其跡, 雖異而守義全節其心, 實同世所稱生六臣者. 耕隱李先生, 乃其一也, 貞忠苦節旣與之同, 不幸爲幸又與之幷, 則未嘗不景慕尊尙嗟咄之艶, 歎之悒悒於心, 噴噴於口也.

迺者吾老友碧珍李君台華景三, 甫以其世譜與三仁錄二冊子來余, 曰子亦知, 夫耕隱李先生之顚末乎, 先生吾九世祖. 其先星州人, 以閥閱之胄簪組爲國朝大姓. 先生先考判書公自星移于善仍爲善人. 善卽嶺中名邑也, 山川鍾秀英才輩出, 若冶隱吉先生籠巖金先生, 最以名節稱. 是以吾祖生於詩禮之家, 長於禮義之邦, 早擢高第, 蜚英當世嫌翰苑, 登薇垣聞望夙著. 英廟之末知, 時事將非先機色擧, 乞外補縣以淸白名. 至景泰甲戌益無意仕宦, 遯跡丘園杜門謝客, 託疾盲瞶每於朝日東向以拜. 子弟問故

答以祈禱己疾. 而其不貳之心隱自壁立於中, 矢死不渝, 家人莫
得以窺其涯涘. 窮居三十餘年, 食無匙著, 坐無笤席, 怡然不以
爲意. 子孫輩非百里之遠, 必令舍車而徒. 惟佔畢齋金先生以其
先公道義之交, 故數數來候而微知其意改容加敬焉. 成化十六庚
子卒, 享年八十九硼于. 善山府東延香之南彌石山卯坐之原. 先
生平日嘗戒子孫以不立碑誌. 故今有碑而無文, 從其遺意也. 配
善山金氏直提學成美之女, 墓在先生墓前. 其後至九代宗嗣滅
絶, 廟享與墓祭廢而不擧者久矣. 自士林雖己腏享於善山月巖咸
安西山等祠, 而子孫之奉闕焉. 故惟我支派之在永川者, 遠具祭
需往修歲一祭之禮於百里之外, 以逡追遠報本之意. 頃在肅廟戊
寅大需恩宥復, 莊陸伸六臣則吾祖亦同在. 宥中積陰之中復見天
日公私同慶, 神人胥感矣. 今上戊寅又追往歲, 恩宥復贈諡於六
臣事, 吾祖之於六臣忠節無異, 早晚朝家倘施贈諡之典於吾祖,
旣無廟宇無以應之, 永郡諸族相與謀焉, 歲己卯立新宮於十一代
孫夢臣家傍, 夢臣乃支裔中小宗也. 仍欲別奉而祠屋, 己完於庚
辰十月, 旣丹而朥, 故將以某月某日將題主奉安. 雖於禮無文人
情安處便是禮也, 此乃子孫等義起者果無害否, 余曰先生淸德貞
節, 固有血氣者所共欽仰, 而若夫若敖氏之餒, 豈獨子孫輩之所
痛慕哉? 今君此擧固善矣, 然宗孫旣亡代盡之主衆子孫不可更
造, 乃寒岡鄭先生答, 或人之問奈何. 李友曰是則然矣, 吾祖廟
食於儒宮則其主當不祧, 而宗事無托, 雖支裔亦何妨於權奉乎?

余曰然則寒岡又曰火災之家灰燼之中, 無可題主處則, 或可就墓
而行之, 今以寒岡此言變禮之依據, 則其或庶幾於古人所謂無於
禮者之禮也, 否乎? 李友曰唯請書其事, 因述答問以爲之記.

6. 「경은이선생행략耕隱李先生行略」
(권렴, 『厚庵集』, 권7)

단종이 왕위를 선위하고 영월에 내려가자 세조를 섬기지 않
고 죽은 신하가 여섯인데, 이들을 사육신이라 부른다. 세조 아래
벼슬하는 것을 싫어하며 스스로 물러나 단종에게 나아간 사람이
여섯이니, 경은선생 역시 그 생육신 가운데 한 분이다. 선생의 이
름은 맹전이고, 자는 백순이며, 경은은 그의 호이다. 그 조상은
고려의 벽진장군 이총언이며, 집안은 세상에 크게 빛나고 금자은
청金紫銀靑의 대부와 같은 높은 관직에 올랐다. 이름이 견간堅幹에
이르러 진현관대제학을 지냈고, 일찍이 사신으로 관동을 가다가
두견의 울음소리를 듣고 지은 시에 '네 울음에 진 산꽃이 몇 겹
이나 쌓였을까' 라는 구절이 있어 산화선생山花先生이라고 불렸

다. 지금 그 후손들을 산화이씨山花李氏라고도 부르는데, 선생의 5대조이다. 이름이 대仸인 고조高祖는 수문전대제학이고, 이름이 군상君常인 증조曾祖는 사재시부정이며, 이름이 희경希慶인 조부는 병마도원수이고, 이름이 심지審之인 부친은 판서이고, 모친 성주여씨星州呂氏는 전공판서典工判書 극회克誨의 딸이다. 이씨는 대대로 성주의 명곡에 살다가, 부친인 판서공 때 선산 금오산 아래 형곡으로 옮겨 살았다.

선생은 명문집안에 태어나, 일찍이 사마시에 합격하였고, 선덕 정미년(1427) 문과에 급제하여 한림에 뽑혔다. 세종 때에는 사간원정언, 지제교의 벼슬을 지냈으니, 이름이 일찍부터 알려졌다. 경태 갑술년(1454)에 뜻에 어긋나는 일을 걱정해 외직外職을 구해 거창현감居昌縣監으로 부임하여 청백리로 알려졌다. 세상일이 급변하자, 선생은 더욱 자신을 감추고 세상에 대한 뜻이 없어 망장촌으로 물러났는데, 옛날 살던 형곡촌과 가까운 곳이었다. 스스로 늙어 "눈멀고 귀먹었다"고 말하며 손님과 벗들을 사절하였다. 집안사람들이 왜 그렇게 하는지 까닭을 물으면 "수양에 방해가 된다" 말하였다. 또 초하룻날이면 늘 의관을 정제하여 해가 뜨는 동쪽을 향해 절을 하였는데, 집안사람들이 왜 그렇게 하는지 까닭을 물으면 "나의 병이 나아지길 기도한다" 라고 말하였다. 그리고 스스로 "눈은 어두워 보이는 것이 없고, 귀 또한 듣지 못하니, 듣지도 보지도 못하는 것이 바보와 다름이 없구나" 라고 말

하였기 때문에 집안의 부자간에도 그것이 핑계인 줄 알아차리지
못하였다.

　선생은 효성을 타고나서 살아 계실 때 부모 섬기는 일과 장
사, 제례를 하나같이 예제禮制를 따랐다. 남을 대함에 공손하며
허튼 웃음이 적었고, 물건에 대해서는 담박하게 여겼으며, 특별
히 좋아하는 것도 없었다. 청렴하게 스스로를 지키고 집안의 규
범을 매우 엄격하게 하여, 자제들이 말을 타거나 시종을 데리고
다니는 것을 금하면서, "너의 부모가 이렇게 병들어 있는데, 너희
들이 말을 타고 시종을 데리고 다니며 스스로 편안하려고 하느
냐"라고 말하였다. 그래서 집안사람들은 백 리 먼 길이 아니라면
모두 말을 타지 않고 걸어 다녔다. 선생은 종일 마루에 앉아 있으
면서, 마당에 있는 곡식을 닭과 참새가 날아와 쪼아 먹는 것을 보
고도 마치 보이지 않는 것처럼 편안하였다.

　가난한 생활 30여 년에 집에는 거적자리가 없었고 식사를 할
때에는 수저조차 없었으나, 선생은 "청빈淸貧을 자손에게 물려주
는데 무슨 거리낄 것이 있겠는가"라고 말하였다. 조정에 몸을 담
고 있는 선비를 맞지 않고 집안에는 손님이 없었지만, 뜻을 같이
하는 벗의 아들인 점필재 김종직 선생이 찾아뵙자 선생이 마음속
을 드러내 보이며 묻고 답하는 데 아무런 장애가 없었다. 점필재
가 "우리 선생님의 병환病患이 거의 나은 것 같습니다"라고 말하
였다. 이 말을 듣고 선생이 "초가 오두막에서 죽어 갈 것이라 생

각했는데, 이렇게 군자를 만나보니 저절로 마음에 쌓인 것이 모두 풀린 것 같네"라고 답하였다. 점필재가 그 숨겨진 뜻을 알아차리고 얼굴 표정을 가다듬고 더욱 공경하였으며, 마음을 드러내며 서로 잔을 권하다가 해가 저무는 것도 잊었다. 점필재가 선생의 숨겨진 뜻을 스스로 알아차렸던 것이 아니라, 선생이 스스로 그 숨겨진 뜻을 드러내 보여 준 것이다. 그래서 점필재는『이준록』에서 "겉과 속에 아무런 잘못이 없었고, 물건을 가지고 다른 사람과 다툼이 없었다. 중년에는 벼슬하기를 즐기지 않고 망장촌으로 물러나 늙었다"라고 하였다. 이것은 선생의 지향과 행동의 시종을 요약하여 본 것이다.

선생의 유고遺稿 몇 권이 있었지만, 전쟁 중에 잃고 말았다. 선생의 동생인 공희공恭僖公 계전季專이 선생의 처신을 기록하여 그 내용이 상세하였는데, 이 또한 난리가 일어났을 때 없어졌다고 하니 애석할 뿐이다. 선생은 홍무洪武 임신壬申년에 태어나 성화成化 16년에 임종하였으니 향년 89세였다. 선산善山 동쪽 연향延香의 미석산彌石山 서향 언덕에 장사 지냈다. 선산의 동쪽 낙동강 북쪽의 월암서원에 농암 김주 선생과 단계 하위지 선생을 선생과 함께 병향하고 있는데, 삼인사라고 일컬어지는 곳이다. 함안에 있는 서산서원은 선생과 함께 조려趙旅 · 원호元昊 · 김시습金時習 · 성담수成聃壽 · 남효온南孝溫을 향사하는 곳이니, 세상 사람들이 말하는 생육신 사당이다. 선생의 조주祧主는 선산에 있었지만 종손의 자손이 끊어져 영천에서 번성한 차종가에서 용계사를 세우고 조주를 옮겨 오니 사림이 함께 정성을 들였다.

　오호라, 선생의 정절은 고통스러웠지만, 선생의 행적은 숨겨져 있다. 그 시대를 만나 남효온은 여섯 신하를 위해 전기를 썼는데, 지금 읽어 봐도 늠름하여 생동하는 기운이 있는데, 생육신도 같은 때에 세워진 것이다. 비록 약간 다른 점이 있지만, 임금을 위해 수양대군의 힘을 막으려 했던 것은 같지 않은 것이 없다. 그러나 그 각자 스스로 처신하는 것은 또한 같지 않아서, 설잠(김시습)이 측간에 들어간 것이나, 문두(성담수)가 천한 백성들 속에 빠져든 것은 진정 절박해서였다.

　선생이 고향으로 돌아왔을 때 나이는 이미 60여 세였다. 스스로 늙고 병들었다 핑계하고 없어져 버린 듯 자취가 없었다. 그리고 조정의 관리들을 만나지 않은 것은 수양하려고 꺼리는 것이라 핑계하고, 동쪽의 해를 향해 절하는 것 역시 병을 낳기 위해 기도하는 것이라 핑계하였다. 이와 같은 몇 가지로 추측해 보건데, 그 안으로는 의지가 굳어 바꿀 수 없었고, 밖으로는 역사에 엄격하여 국왕을 위해 어긋나지 않겠다는 뜻을 볼 수 있다. 묘 앞에는 비갈이 있지만 글자가 없는데 모두 선생이 남긴 뜻이다. 외손인 인재 최현이 돌 하나를 다듬어 묘 아래에 묻으며 후인을 기다렸다.

　오! 이제 선생의 8대손인 유룡猶龍이 그 행적을 행장으로 적어 당대의 붓을 든 사람에게 부탁해 새기려 하였으니, 그 뜻이 참 대단하다. 그리고 그 뒤에 이어서 나에게 글을 짓도록 하였는데, 나는 글을 지을 만한 사람이 못 된다고 두세 차례 넘게 사양하였고 끝내 도망가 숨으려 했지만 그러지도 못해서 거칠게 빠진 것을 보충하여 한두 가지를 서술했으니, 이것을 어떻게 행장이라 부를 수 있겠는가! 다시금 바라건대 이형李兄은 안목을 갖춘 이에게 질정을 하고 더욱 찾아서, 또 오랫동안 나라의 글을 맡은 사람을 찾아 글을 짓도록 한다면 충현忠賢의 묘소에 그윽한 빛이 발할 수 있을 것이다. 나는 말이 어눌하여 그 만분의 일도 생각하여 제법 비슷하게 묘사하지 못하였다. 그러므로 '행장'이라 말하지 못하고 '행략行略'이라 말한 것이다. 끝에 이름을 쓰지 않는 것으로도 감당하지 못한다는 뜻을 드러낸다.

莊陵之內禪而遜于寧越也, 其不事光廟而死者六人, 曰死六臣.
其不樂仕宦自靖, 人自獻于莊陵者六人, 曰生六臣, 耕隱先生,
乃生六臣之一也. 先生諱孟專字伯純, 耕隱其號也. 其先高麗碧
珍將軍李念言, 門閥奕世, 有金紫銀靑之貴. 至諱堅幹, 進賢館
大提學, 嘗奉使關東, 有聞杜鵑, 詩云啼在山花第幾層, 以此謂
之山花先生. 至今稱其後謂之山花李氏, 是於先生爲五世祖也.
高祖諱玳修文殿大提學, 曾祖諱君常司宰副正, 祖諱希慶兵馬都
元帥, 考諱審之判書, 妣星州呂氏, 典工判書克誨之女. 李氏世

居星州楡谷, 至判書公, 移居于善山金烏山下荊谷.

先生生長名門, 早年中司馬, 宣德丁未, 登文科選補翰林. 世宗朝歷司諫院正言知製敎, 聞望日著. 景泰甲戌, 有憂違之志, 力求補外, 爲居昌縣監, 以淸白聞. 旣而時事一變, 先生益自韜晦, 無意世事, 退老于善之網獐村, 距荊谷舊居一息也. 自言老病聾瞽, 謝絶賓朋. 子弟問其故, 曰是修養所忌也. 每月朔, 必整冠拜朝暾, 子弟問其故, 曰爲祈禱已疾也. 嘗自吟曰眼欲昏昏耳欲聾, 見聞無敏與癡同, 雖家人父子, 莫能測識也.

先生誠孝出天, 生事葬祭, 一遵禮制. 與人恭少戲笑, 處物淡然, 無所嗜好. 淸儉自守, 家範嚴肅, 禁子弟騎從曰我老病如此, 汝曹乘馬從徒能自安乎? 故家人子孫非百里之遠, 皆舍馬而徒. 先生終日坐廳事, 穀在庭, 雞雀來啄, 恬然眞若目無見也.

竆居三十餘年, 家無苫席, 食無匙箸, 曰貧字傳家何病乎? 不接朝士, 門無雜賓, 佔畢齋金先生宗直以執友子弟來拜, 則先生傾倒披露, 應答無碍. 畢齋曰先生之病, 其庶幾乎? 先生答曰陷死蓬廬, 旣見君子, 自不覺心胸豁然也. 畢齋識其微意, 改容加敬, 勸酬盃酌, 忘其蚤暮. 是畢齋不獨知先生微意, 乃先生自示其微意也. 故畢齋書之於彝尊錄曰表裏無瑕, 與物無競, 中年不樂仕宦, 歸老網獐. 蓋略擧先生志行之始終矣.

先生有遺集若干卷, 失於兵火. 先生弟恭僖公季專嘗記先生出處, 其說頗詳, 亦失於兵火云, 惜哉. 先生生于洪武壬申, 終于成

化十六年, 壽八十九. 葬于府東延香彌石山西向之原. 府治東洛
水之陽, 有月巖書院, 籠巖金先生丹溪河先生, 與先生幷享, 卽
所謂三仁祠也. 咸安有西山書院, 先生與漁溪趙先生, 梅月金先
生, 觀瀾元先生, 文斗成先生, 秋江南先生合享, 卽所謂生六臣
祠也. 先生祧主在善山, 宗派乏嗣, 次宗家蕃衍於永, 立龍溪祠
堂, 移安祧主, 而士林幷虔焉.

嗚呼, 先生之節則苦矣, 先生之行則微矣. 當其時, 南秋江蓋嘗爲
六臣立傳, 至今讀之, 凜凜有生氣, 至於生六臣, 則一時所樹立.
雖若不同, 而爲君王固首陽之力則又未嘗不同也. 但其所以自處
者又卻不同, 如雪岑之或入廁溷, 文斗之淪爲氓隷, 誠亦迫矣.

先生則歸老之後, 年已過六十餘矣. 自託老病, 可謂泯然無迹矣.
然不接朝貴則猶, 諉之修養所忌也, 東向拜日則亦諉之祈禳已疾
也. 卽此數事而推之, 則其內操之確乎不可移. 而外嚴於春秋爲
國諱之意, 可以見矣. 墓道之有碣無文, 蓋亦先生遺命. 外裔崔
訒齋晛爲之治一石, 埋于墓下, 是固有待於後人.

噫! 今先生之雲孫猶龍將狀其行, 欲爲請銘於當世秉筆之人, 意
甚盛也. 而使濂有所撰次, 濂非其人非其人也, 辭之過於再三,
而逃遁不得, 姑就野乘拾遺, 敍其一二, 是豈可謂之狀也! 更願
李兄質之具眼而更加詢訪, 又得淹國故當文任者而撰出焉, 則可
以闡發幽光於忠賢之墓矣. 濂辭訥無以惝描想像髣髴其萬一,
故不敢謂之狀, 而曰行略. 末段又不敢書名, 以著不敢當之意.

7. 「경은이선생묘갈명 병서

耕隱李先生墓碣銘 并序」(이상정, 『大山先生文集』, 권48)

공자는 은나라에 인자仁者 세 사람이 있다고 말하셨는데, 그 중에 죽은 자(비간을 가리킴)도 있고 죽지 않은 자(미자와 기자를 가리 킴)도 있었지만, 모두 각각 자신의 절의를 지켰다. 그러나 기자箕 子는 안에서 그와 같은 난리를 만나 자신의 명철함을 감추면서도 올바른 도리를 잃지 않았으니, 처신이 가장 어려웠다. 그러므로 『주역』에서는 특별히 기자 같은 현인이 못난 임금을 만나 화를 당한다고 말하였는데, 우리나라의 경은 이 선생이 아마도 그 경 우에 가까울 것이다.

선생의 이름은 맹전孟專이고 자는 백순伯純이다. 일찍 과거에 급제하여 예원藝苑에 들어가 세종 때에 사간원정언, 지제교를 역임하였다. 중년에 세상일이 위태로워지는 것을 보고는 외직에 임명되기를 자청하여 거창현감居昌縣監이 되었는데 청렴결백하다고 소문이 났다.

경태景泰 갑술년(1454, 단종 2)에 선생은 63세로 벼슬을 그만두고 선산善山의 망장촌網障村에 물러나 있으면서 스스로 눈멀고 귀먹었다는 핑계로 손님과 벗을 사절하고는 "수양에 방해가 된다"라고 말하였다. 또 매달 초하루 아침마다 해를 향해 절하면서 "내 병이 낫기를 기도하는 것이다"라고 말하니, 집안사람이나 자제들도 그 속뜻을 아는 이가 없었다. 뜻을 같이하는 벗의 아들인 점필재佔畢齋 김공金公이 찾아뵙자 선생이 마음속을 드러내 보이며 "초가 오두막에서 죽어 갈 것이라 생각했는데, 이제 군자를 만나 보니 나도 모르게 가슴이 탁 트이네"라고 말하니, 점필재가 선생의 깊은 뜻을 알아차리게 되었다. 임종에 이르렀을 때, 자제들도 비로소 그 뜻을 알게 되었다. 선생이 말하지 않으면서 마음을 다해 애쓰고, 뚜렷한 자취가 없으면서 정절을 지키며, 그 한 몸으로 강상綱常의 책임을 맡았으니, 현인이 못난 임금을 만났을 때 처신하는 도를 실천한 것이 아니겠는가? 또한 인仁이 성취되었다고 말할 수 있을 것이다.

선생은 효성을 타고나서 살아 계실 때 부모 섬기는 일과 장사, 제례에 모두 예제禮制를 준행하였다. 남을 대함에 공손하였고, 물건을 가지고 다른 사람과 다투지 않았으며, 집안의 규범을 매우 엄격하게 해서 자제들이 말을 타거나 시종을 데리고 다니는 것을 금하였다. 선생에게 가난하여 자손들에게 물려줄 것이 없다고 말하는 사람이 있으면, 선생은 "청빈淸貧을 자손에게 물려주는데 무슨 거리낄 것이 있겠는가"라고 말하였다.

선생은 태조 1년(1392)에 태어나 성종 11년(1480)에 89세로 사망하였으며, 선산 동쪽 연향延香의 미석산彌石山 서향 언덕에 장사 지냈다. 선생은 벽진이씨碧珍李氏의 후세로 장군 이총언李悤言의 후손이다. 진현관대제학進賢館大提學 이견간李堅幹이 선생의 5대조이고, 고조 이대李玳는 수문전대제학修文殿大提學이며, 증조 이군상李君常은 사재감부정이고, 조부 이희경李希慶은 병마도원수이다. 부친 이심지李審之는 병조판서에 증직되었다. 모친 여산송씨礪山宋氏는 현령 송인손宋仁孫의 딸이고, 계모인 성주여씨星州呂氏는 판서 여극회呂克誨의 딸이다. 선생의 부인 선산김씨善山金氏는 직제학 김성미金成美의 딸로, 선생의 묘 앞쪽에 장사 지냈다. 아들 순恂은 교수이고, 천惝은 통찬通贊이고, 이怡가 있고, 돈惇은 주부이다. 손자 보원堢源은 현감이고, 비원坤源은 직장이며, 증원增源이 있고, 배원培源은 장사랑將仕郎이다. 증손과 현손 이하는 많아서 다 기재하지 못한다.

선생의 동생 공희공恭僖公 이계전李季專이 선생의 언행을 기록한 글이 있었는데, 유집遺集 2권과 아울러 병란에 유실되었으니 애석할 뿐이다. 그러나 점필재의 『이준록』이 있고, 최인재崔

齋와 이창석李蒼石 등 여러 공이 선생을 높이며 서술하였으며, 선
산의 삼인사三仁祠와 함안咸安의 육신묘六臣廟에 모두 백세토록 제
향하고 있으니, 의리가 사람들의 마음에 살아 있는 것이 무궁하
기 때문이다.

　선생의 후손은 몇 대 만에 선산의 종가가 끊어졌으나 영천永
川으로 옮겨 간 이들이 조금 번성하였다. 먼 후손인 이석화李錫華
등이 용계龍溪에 별사別祠를 건립하였는데, 그 아들 이유룡李猶龍
이 나를 찾아와 말하기를 "선조의 묘에 묘석은 있으나 글이 없습
니다. 인재공訒齋公이 빗돌 하나를 다듬어 묘 아래에 묻어 놓았으
니 이것은 진정 후인을 기다린 것입니다. 어떻게 한마디 써 주시
지 않겠습니까"라고 말하니, 내가 감히 사양하지 못하였다.

　명銘은 다음과 같다.

계유, 병자년 사이에

죽은 자 여섯 신하요

산 자도 여섯 신하라.

죽은 자는 진정 본성을 다한 셈이나

살아서 그 뜻 이루기 더욱 어려웠네.

측간 벽을 바르던 예양豫讓도

그 행적 오히려 드러났는데

장님 귀머거리 노릇 30년에

흔적 없어 아는 사람 없었으니

어려운 가운데 더욱 어려운 일 아니겠는가.

孔子稱殷有三仁焉, 其或死或不死, 亦各自靖其身. 然箕子內蒙
其難而晦其明, 以不失其正, 所處爲尤難. 故大易特言箕子之明
夷, 我東耕隱李先生, 其殆庶矣乎.

先生諱孟專, 字伯純. 早擢第入藝苑, 世宗朝, 歷司諫院正言知
製教. 中年見時事艱危, 求補外得居昌縣監, 以清白聞.

至景泰甲戌, 先生年六十三矣, 退老於善山之網障村, 自託於盲
聾, 謝絶賓友曰, 修養所忌也. 朔朝每向日而拜曰, 祈禱己疾也,
雖家人子弟, 莫識其意也. 佔畢齋金公, 以執友子弟來謁, 先生
披露心腹曰, 阽死蓬廬, 旣見君子, 自不覺胸次豁然也, 於是畢
齋得其微意. 至臨沒, 子弟始知之, 蓋先生抱苦心於不言, 葆貞
操於泯迹, 以一身而任綱常之責, 非有得於明夷之道乎? 亦可謂
仁也已矣.

先生誠孝天出, 生事葬祭, 一遵禮制. 待人恭, 與物無競, 閨範甚
嚴, 禁子弟不得乘馬從徒. 人有言其貧無以遺子孫者, 先生曰,
以清貧遺子孫何妨.

先生生於洪武壬申, 卒以成化庚子, 享八十有九年, 葬于善山之
東延香彌石山西向之原. 先生碧珍之世將軍恩言之後. 進賢館
大提學堅幹爲五世祖, 高祖玳, 修文殿大提學, 曾祖君常, 司宰

副正, 祖希慶, 兵馬都元帥. 考審之, 贈兵曹判書. 妣礪山宋氏,
縣令仁孫之女, 妣星州呂氏, 判書克誨之女. 配善山金氏, 直提
學成美之女, 葬在先生之墓前. 子恂教授, 惕通贊, 怡, 惇主簿.
孫埰源縣監, 埤源直長, 增源, 培源將仕郎. 曾玄以下, 多不盡載.
先生弟恭僖公季專有記先生言行, 幷與遺集二卷, 失於兵火, 爲
可惜已. 然畢齋有彝尊錄, 崔訒齋李蒼石諸公爲之讚揚敍述, 而
善之三仁祠, 咸之六臣廟, 皆祠享百世, 理義之在人心, 蓋無窮焉.
先生之後幾世而宗絶, 其移于永川者稍繁. 遠孫錫華等建別祠于
龍溪, 其子猶龍謁象靖曰, 先祖之墓有碣而無文. 訒齋治一石瘞
墓下, 是固有待於後人. 盍惠以一言, 象靖不敢辭.

銘曰.

當景泰癸丙之間

死者六臣

生者亦六臣

死固索性

而生而遂其志爲難

廁溷徒隷

猶是露其跡

而託盲聾三十年

泯然人莫能識

又豈非難中之難也邪.

8. 「경은이공시장耕隱李公諡狀」

(이복원, 『雙溪遺稿』, 권8)

공의 이름은 맹전孟專이고, 자字는 백순伯純이며, 호號는 경은
耕隱이다. 시조는 이름이 총언悤言인 고려의 개국공신으로 벽진
장군이고, 후세에 이 벽진碧珍을 적籍으로 하니, 지금의 성주이다.
이름이 견간堅幹인 5대조는 진현관대제학으로 일찍이 두견을 주
제로 지은 시에 "네 울음에 진 산꽃이 몇 겹이나 쌓였을까"라는
구절이 있어, 세상에 산화선생山花先生이라고 불렸고, 그런 이유
로 또 산화이씨山花李氏라고도 불렸다. 이름이 대玳인 고조高祖는
수문전대제학이고, 이름이 군상君常인 증조曾祖는 사재시부정으
로 증형조참판贈刑曹參判이며, 이름이 희경希慶인 조부는 병마도
원수이고, 이름이 심지審之인 부친은 예빈시사禮賓寺事로 증병조

판서이다. 모친인 여산송씨礪山宋氏는 현령 인손仁孫의 딸이며, 계모인 성산여씨星山呂氏는 전공판서典工判書 극회克誨의 딸이다.

공은 태조 원년 임신년(1392)에 태어나 일찍이 과거에 급제하여 한림원에 천거되었고, 세종 때에 사간원정언, 지제교와 소격서령昭格署令을 지내다가, 오래도록 내직에 있는 것이 즐겁지 않아 거창현감에 임명되어 나가니 청백하다고 알려졌다. 단종 갑술년(단종 2, 1454)에 선산 망장촌으로 물러나 스스로 눈멀고 귀먹었다는 핑계로 문밖에 나가지 않고 한 방에 거처하면서 사람을 만나지 않았다. 집안사람이 그 이유를 물으면 선생이 "수양하기 위해서이다"라고 답하였다. 매월 초하룻날에는 일찍 일어나 해 돋는 쪽을 향하여 절을 하였는데, 집안사람이 또 그 이유를 물으면 "기도한다"라고 답하였다. 스스로 말하기를 "눈이 어두워 안 보이고, 귀 또한 듣지 못하니, 듣지도 보지도 못하는 것이 바보와 같구나"라고 말하였다. 마당에서 곡식을 말리는데, 닭과 새 떼가 날아와서 다 쪼아 먹는 것을 보고도 마치 보이지 않는 것같이 하였다. 김씨부인이 여러 번 노복을 시켜 시험해 보아도 결국 그 진위眞僞를 헤아리지 못하였다.

하루는 점필재 김종직이 찾아와 문안하였는데, 공이 기쁘게 맞이하여 마주앉아 종일토록 이야기를 재미있게 나누자, 김공이 기뻐하며 "선생님의 병이 거의 나은 것 같습니다"라고 말하였다. 공이 대답하기를 "병이 나은 것이 아니라, 이제 군자를 만나니 저절로 나도 모르게 가슴이 탁 트이네"라고 말하였다. 김공이 비로소 공의 숨은 뜻을 알게 되어, 얼굴 표정을 바꾸어 더욱 공경하였다. 김씨부인도 가만히 듣고 역시 크게 깨달았다.

공은 효성을 타고나서 살아 있을 때 모시고, 죽은 후 장례와 제례는 늘 예경을 따랐다. 평소의 생활에서는 장중하여 말과 웃음이 적었다. 가법이 매우 엄하여 자제들에게 말을 타고 종(奴)을 데리고 다니는 것을 금지하면서, "너의 부모가 이렇게 병들어 있는데, 너희들이 스스로 편안하려고 하느냐"라고 말하였다. 집이 가난하여 끼니를 제대로 잇지 못해도 편안하게 처신하였는데, 집 안에 우물이 있는데 그 이름을 죽정이라 부르고, 조그만 연못이 있는데 그 이름을 국담菊潭이라 지어서 저절로 그 뜻을 드러냈다. 성종 경자년(성종 11, 1480)에 세상을 마치니 향년 89세였다. 선산 부 동쪽 미석산의 서향 언덕에 장사하니, 묘에 비갈이 있어도 문자를 새기지 않은 것은 유지遺志를 따른 것이다. 부인은 일선김씨로 직제학 성미成美의 딸이며, 무덤은 공의 묘 앞에 있다. 4남 1녀를 낳았는데, 아들 순恂은 대구교수이고, 천悁은 교도敎導이며, 돈惇과 이怡는 진사進士였으며, 딸은 보덕補德 박사제朴斯悌에게 시집갔다.

공의 동생 공희공恭僖公 계전季專이 공의 사적을 기록한 것과 공이 지은 시문이 모두 전쟁 중에 유실되었다. 연대가 아득히 오래되었고 문헌文獻의 근거가 없어서 어떤 관직을 어떻게 지냈는지, 그리고 대략적인 언행을 자세히 알 수 없다. 그러나 공은 빛나는 가문에 태어나 일찍이 뛰어날 것이란 기대대로 앞길이 크게 열렸는데도, 하루아침에 모두 버리고 물러나 곤궁한 생활 30년 동안 뜻을 바꾸지 않았으니, 그 뜻을 어떻게 무의미하다 할 것인가? 점필재의 「사우록師友錄」에는 "경은선생은 겉과 속에 아무런 잘못이 없고, 물건을 가지고 다른 사람과 다투지 않았다. 중년에는 벼슬살이를 좋아하지 않아 망장리로 물러났다"라고 기록되어 있다. 서애西厓 류성룡柳成龍은 사람들에게 "그 절의를 온전히 다 하면서 그 자취를 감추어 사람들이 그 뜻을 알지 못하게 하였으니, 이것은 인품人品이 보통 사람보다 몇 등급 높은 것이라"라고 하였다. 창석蒼石 이준李埈이 쓴 『일선지』에는 "선생의 괴로움을 굳게 견뎌낸 곧고 밝은 절의는 겨우 한때 잠시 힘쓴 것이 아니었다. 일의 기미가 드러나지 않았을 때에 미리 알아서 세상을 끊고 떠나 일생을 마칠 뜻을 가지고 계셨다. 어떻게 하늘이 완전한 절의를 주어 한 세상 불의를 막는 둑이 되고, 신하의 기강을 바로 세우도록 한 것이 아니겠는가?"라고 하였다. 오호라! 몇몇 군자들이 서술한 것을 볼 때, 공의 마음은 공이 비록 말하지 않았어도, 세상에는 진정 말을 잘 해 주는 사람이 있는 것이다. 그래서 우리 숙종께서 이미 육신사六臣祠를 건립하였고, 또 여러 선비들이 상소를 올려 공의 정절을 아름답게 여기는 까닭에, 특명으로 서원을 세워 향사를 지내게 하고 사액하셨고, 두 번이나 예관을 보내어 제사를 지내셨으니, 선산의 삼인서원三仁書院으로 김주와 하위지 및 공을 향사하였다. 세 명의 훌륭한 사람 곧 '삼인三仁'이라 부르는 것은 공자가 『논어』「미자微子」에서 미자微子·기자箕子·비간比干 세 사람을 삼인이라 불렀듯, 김주의 경우 가 버리고, 하위지는 죽었으며, 공은 병을 핑계한 것이 거짓으로 미친 척하는 것과 유사한 것이다. 시간과 지역이 서로 떨어진 것이 몇 천년에 수천 리가 되어도 스스로 편안한 절의는 마치 부절을 합한 것 같다.

함안의 서산서원西山書院은 공과 조려趙旅·원호元昊·김시습金時習·성담수成聃壽·남효온南孝溫을 향사하는 곳이니, 세상 사람들이 말하는 생육신이다. 서산西山이라 이름을 붙인 것은 서원의 뒤에 백이산伯夷山이 있어서 그 이름을 느끼고 그 유풍遺風을 생각하기 위한 것이다. 지금의 임금께서 등극하여 다스릴 때에 풍속의 교화를 우선하여 숨은 절의들을 세상에 드러내어 빠진 사람이 없도록 하였다. 그런데 공의 후손 유룡猶龍이 상소를 올려 증시贈諡해 줄 것을 청했는데, 유사가 보류할 것을 청했으나 임금께서 특별히 대신에게 묻고 허락하셔서 공에게 자헌대부 이조판서 겸 지경연 의금부사 홍문관대제학 예문관대제학 지춘추관성균관사 오위도총부도총관을 증직하고, 이어서 시호를 내리도록 명하시니, 이제야 공의 절의가 더욱 드러나고, 국가가 높이 기리는 것이 드디어 극진하게 되었다.

처음 공이 초야로 물러나는 것에 자취가 없으므로, 공에 대
해 말하는 사람들은 다만 조용히 물러나와 수양하는 것으로만 알
았다. 그런데 그 하는 것을 보고 그 편안히 여기는 것을 살펴보아
마음이 나아간 흔적을 찾아 말이나 행동으로 표현되지 않은 깊은
뜻을 알아차렸던 사람은 오직 한 고을 몇 사람의 군자뿐이었다.
어진 임금이 계속 위를 이어 와서 맑은 논의가 많이 이루어져 알
려지지 않았던 뜻이 많이 드러나서 다시 숨기고 꺼리지는 않게
되었지만, 감히 조정에 나와서 직접 말로 표현하지는 못하였는
데, 이제는 아침에 신하가 임금에게 청하는 글을 올리면 저녁에
임금이 내리는 명령이 내려와서 제사를 받들지 않은 곳에 시호諡
號로 빛내 주시니, 저승과 이승이 감동하고 선비와 백성들이 탄
복하였다. 이것은 진정 공이 굳게 지킨 절개와 고결한 인품 그리
고 풍채가 오래될수록 더욱 빛이 나서 임금의 은총을 받은 것으
로, 조정에서 교화를 승상하고 명분과 의리를 바로 세워 이후 백
년 천 년 동안 신하되는 이들을 격려하는 것이니, 그 뜻이 매우
원대하다. 삼가 여러 가지로 들은 것을 모아서 대신大臣의 고증攷
證을 기다린다.

우의정 이복원 지어 올림

公諱孟專, 字伯純, 號耕隱. 始祖諱忿言, 高麗功臣碧珍將軍, 後

世以碧珍爲籍, 今之星州也. 五世祖諱堅幹, 進賢館大提學, 嘗

咏杜鵑, 有啼在山花第幾層之句, 遂以山花號於世, 故又謂之山花李氏. 高祖諱玳, 修文殿大提學, 曾祖諱君常, 工曹典書, 祖諱希慶, 兵馬都元帥, 考諱審之, 禮賓寺事贈兵曹判書. 妣碣山宋氏, 縣令仁孫女, 後妣星州呂氏, 典工判書克誨女.

公以洪武壬申生, 早擢嵬第, 薦入翰苑, 世宗朝爲司諫院正言, 知製敎, 昭格署令, 久之不樂於內, 求補居昌縣, 以淸白聞. 景泰甲戌, 退居善山之網障村, 自托盲聾, 遂不復出門, 偃仰一室, 不與人接. 家人問其故, 曰, 爲修養也. 朔日輒早起, 向暾而拜, 家人又問之, 曰, 爲祈禳也. 嘗自吟曰, 眼欲昏昏耳欲聾, 見聞無敏與癡同. 曬穀於庭, 鷄雀羣來啄且盡, 視之漠然如不見. 金夫人屢令婢僕試之, 竟莫測其眞僞也.

一日佔畢齋金公宗直來謁, 公懽然延坐, 語終日亹亹, 金公喜曰, 先生之疾庶幾其瘳乎. 公曰, 非疾之瘳也, 旣見君子, 自不覺心胸灑如也. 金公始察公微意, 改容加敬. 金夫人竊聽亦大悟.

公誠孝出天, 生事葬祭, 一遵禮經. 平居莊重, 寡言笑. 家法甚嚴, 禁子弟乘馬從徒曰, 若翁病廢, 若曹敢自便耶. 家素貧寠, 單瓢屢空, 處之晏如也, 有井名曰竹井, 有池名曰菊潭, 以自見志. 成化庚子終, 享年八十九. 葬善山府東彌石山西向之原, 有碣而無文, 從遺意也. 配善山金氏, 直提學成美女, 墓在公墓前. 生四男一女, 男恂大丘敎授, 愷敎導, 惇, 怡進士, 女適輔德朴斯悌.

公之弟恭僖公季專, 記公遺事, 及公所著詩文, 皆逸於兵燹. 年代寢邈, 文獻無徵, 仕止本末, 言行大致, 莫得以詳. 然公生於奕之門, 夙負儁望, 晉塗方開, 一朝棄而去之, 固窮三十年, 礭然不改, 此其志豈徒然哉? 佔畢齋師友錄曰, 耕隱先生表裏無瑕, 與物無競. 中年不樂仕進, 退老網障. 西崖柳相公成龍嘗語人曰, 全其節而晦其跡, 使人無得以知其意, 此其高人數等處也. 蒼石李公埈題一善誌曰, 先生貞亮堅苦之節, 不但勉強於一時之暫而已. 事機未然, 燭之已早, 離世絶俗, 有終焉之志. 豈非天以完節畀之, 爲一世之防, 立人臣之紀者耶. 嗚呼! 觀於數君子之論, 則公之心, 公雖不自言, 而世固有能言之者矣. 粤我肅廟旣建六臣祠, 因章甫疏列嘉公志節, 特命院享賜額, 再遣禮官致祭, 善山之三仁書院, 金公澍, 河公緯地及公享焉. 謂之三仁者, 金公去之, 河公死之, 公之托疾, 亦近於佯狂爲奴. 世與地相去數千, 而自靖之義若合符節也.

咸安之西山書院, 公與趙公旅, 元公昊, 金公時習, 成公聃壽, 南公孝溫享焉, 世所稱生六臣者也. 謂之西山者, 院之後, 有伯夷山, 感其名而思其風也. 聖上御極, 治先風敎, 闡微顯幽, 惟恐有遺. 公之後孫猶龍上言丐恩典, 有司靳之, 上特詢大臣許之, 乃贈公資憲大夫吏曹判書兼知經筵義禁府春秋館事, 弘文館大提學, 藝文館大提學, 知成均館事, 五衛都摠府都摠管, 仍命賜諡, 於是乎公之志節益章矣, 國家之褒崇遂極矣.

始公之歸老田間, 泯然無迹, 人之稱公者, 但以恬退淸修目之.

而視所以察所安, 求之心跡之際, 得之言貌之外者, 惟彼一鄉數
君子而已. 及夫聖神繼作, 清議漸張, 發揮微旨, 無復諱忌, 而猶
未敢顯言于朝也, 乃今籲章朝徹, 恩誥夕下, 俎豆之地, 賁以節
惠, 榮動幽明, 士民咸歡. 斯固公之苦節淸風, 彌久彌光, 以徼寵
章, 而聖朝所以敦尙敎化, 扶植名義, 以勵千百代爲人臣者, 其
旨遠矣. 謹掇拾諸聞, 以俟太常之攷焉.

9. 「경은이선생유사서耕隱李先生遺事序」
(이헌경, 『艮翁先生文集』, 권19)

　　선생의 이름은 맹전으로, 어계漁溪선생 조려, 관란觀瀾선생 원호, 매월당梅月堂선생 김시습, 문두文斗선생 성담수, 추강선생 남효온과 함께 생육신이라 불린다.

　　세상에서 절의에 대해 이야기하는 사람들이 생육신生六臣과 사육신死六臣을 구별하여 누가 더 어렵고 누가 더 쉽다고 말하는 것은 아주 옳지 못하다. 은나라에 삼인三仁이 있었는데, 작록爵祿을 사양한 사람과 칼날을 밟은 사람에 대해 우리들이 누가 더 어렵고 누가 더 쉽다고 말할 수 있겠는가? 지난 세조가 즉위한 을해乙亥년 이후, 성삼문, 박팽년 같은 사육신 등은 집현전에 있을 때 단종을 도와달라는 부탁을 문종에게 받았기 때문에 벼슬하지 않고 죽는 것이 당연한 것이나, 경은耕隱 이선생李先生이나 매월당梅月堂 같은 생육신 등은 무엇 때문에 벼슬하지 못하는 의義가 있어서 맹인과 귀머거리를 핑계하거나 거짓 미치광이가 되어 종신토록 자취를 감추고 세상에 나오지 않았을까? 맹인과 귀머거리로 병을 핑계한 사람이 옛날에도 혹 있었으나, 이선생李先生이 병을 핑계한 지 30년 동안이나 처자와 집안사람들은 그것이 참이 아니라는 것을 깨닫지 못하였으니, 그 마음 쓴 간절함과 의를 지키는 굳건함을 잠깐 동안 몸을 바쳐 인을 이룬 사람에 비유하며 과연 누가 더 어렵고 누가 더 쉽다고 말할 수 있겠는가? 어렵고 쉬운 것은 말하지 않더라도 만약 따로 분별하려고 한다면 그것이 어떻게 옳은 일이겠는가? 선생이 처한 의는 성삼문이나 박팽년 등과는 다르지만, 정도正道를 지키는 절의節義는 성삼문이나 박팽년 등과 같다. 세상 사람들과는 쉽게 말할 수도 없고, 또 세상 사람들에게는 알리는 것도 어려워서, 손님과 벗이 찾아와도 거절하며 "수양하기 때문이다"라고 말하였고, 초하룻날 아침에는 늘 해 뜨는 동쪽을 향해 절하면서 "기도하기 위해서이다"라고 말하였다. 오직 김숙자 선생과는 도의道義로 서로 사귀었는데, 점필재는 친구의 아들로 침상 아래에서 문안하면 이야기가 반드시 날이 저물도록 즐겨니, 그 당시 선생의 마음을 아는 사람은 오직 점필재 부자父子뿐이었고, 후세에 선생의 절의를 비교할 이는 또한 오직 성삼문, 박팽년 등이었다.

아! 어떻게 훌륭하다고 하지 않겠는가! 선생은 세종 때에 한 림원과 사간원에서 벼슬하였으니, 이름을 날린 높은 관직의 관리 가 아니겠는가? 그런데도 중년에 세상일이 위태로워지는 것을 보고 힘써 외직을 구한 것은 곧 '기미를 보고 종일을 머무르지 않는 것'이다. 정성을 다해 부모에게 효도하였으며, 살아서 섬길 때나 죽은 후 장례와 제사祭祀에도 늘 예경禮經을 따랐으니, 효는 충으로 옮기는 바탕이 되었다. 청렴하고 검소하며 욕심이 적었 고, 곤궁困窮하고 가난하지만 만족하며 세상을 피해 숨어 살다가 90세에 세상을 마쳤다. 이처럼 천명을 알고 즐기며 근심하지도 않고 두려워하지도 않았으니 어떻게 군자가 아니라고 하겠는가! 일의 한 부분으로 한 사람의 평생을 저울질할 수는 없을 것이다. 선생이 돌아가신 뒤 수백 년 만에 숙종의 유지宥旨가 있어 그 훌 륭한 절의를 숭상하고 포상褒賞하여, 성삼문과 박팽년 등 사육신 은 이미 사당을 지어 향사를 지내고 있으며, 선생도 역시 많은 선 비들의 추천으로 사당을 선산과 함안에 세워서 현판懸板을 내리 고 제사를 지내라는 임금님의 은혜를 입었다.

지금의 임금이신 정조 5년(1781)에 또 높은 벼슬을 증직하였 으며 시호諡號를 내리셨다. 영천의 용계사龍溪祠 또한 선생을 봉 사奉祀하는 곳이었는데, 지금은 김매월당金梅月堂 같은 생육신을 다 함께 향사享祀하는 곳이 되어 육선생사六先生祠라 부르고 있다. 이에 훌륭한 임금님의 착한 것을 드러내고, 충을 권장하는 은전

恩典에 유감遺憾이 없어, 선생의 숨은 덕과 감추어져 있던 뜻이 해와 별처럼 우주에 빛이 났다. 그런데 선생의 유고遺稿는 난리 때문에 잃어버렸는데, 선생의 후손 유룡猶龍이 그 남은 몇 편을 모아서 부록과 겸하여 한 책을 만든 후, 못난 나에게 서문을 청하였다. 그 안색을 보니 편집한 글이 너무 적은 것을 한스러워하였다. 그래서 나는 "슬퍼하지 마라. 어진 분을 사모하며 그리워하는 사람은 반드시 살이 쪘거나 여윈 것, 키가 크거나 작은 것, 좋아하는 마음을 묻는데, 비록 어른의 말씀이 적다고 보배처럼 소중히 여기지 않겠는가? 그 소리만 있고 가사가 없는 것도 『시경』에는 빠뜨리지 않았는데, 시가 있는데도 불구하고 많지 않은 것이 천고千古에 부족하겠는가?"라고 말하였다. 오랫동안 감탄에 잠기다가 삼가 이 글을 지어 보낸다.

先生諱孟專, 與漁溪趙先生旅, 觀瀾元先生昊, 梅月堂金先生時
習, 文斗成先生聃壽, 秋江南先生孝溫, 並稱爲生六臣云.
世之譚節義者, 以生死分別難易惑也. 殷有三仁, 爵祿可辭與蹈
白刃等, 則吾將孰易而孰難哉? 粤在景泰乙亥以後, 如成朴諸公
受集賢遺托者, 不仕而死固也, 如耕隱李先生及梅月堂諸賢, 何
有不可仕之義, 而或托聾盲, 或陽狂, 終身遁跡而不出耶? 托以
聾盲者, 古或有之, 而李先生之稱疾三十年, 使妻子家人不覺其
非眞, 則其用心之苦守義之堅, 比諸殺身成仁於一時者, 果孰爲

難易哉? 難易姑勿說, 如欲分別而二之, 惡可乎哉? 先生所處之義, 差異於成朴諸公, 而秉執之節, 自同於成朴諸公. 殆難與俗人言, 亦不可使俗人知, 故謝絶賓朋則曰爲修養也, 朔朝朝日則曰爲祈禱也. 惟與金叔滋先生道義相許, 佔畢齋以故人稚子, 來拜床下, 則語必窮曛夕娓娓, 當時之知先生心者, 惟佔畢父子也, 後世之擬先生節者, 亦惟成朴諸公也.

嗟乎! 豈不賢哉! 先生仕世宗朝, 歷職翰苑諫省, 非不敫顯也? 中歲見時事艱危, 力求外補則見幾之不終日也. 孝親以誠, 生事葬祭, 一遵禮經則移忠之所由資也. 廉儉寡欲, 固窮安貧, 逍遙丘壑, 九十乘化. 則又豈非樂天知命, 不憂不懼之君子人乎! 未可以一節槩平生也. 先生歿後數百餘年, 肅廟在宥, 褒尙節義, 成朴諸公旣祠享矣, 先生亦因多士擧幡, 建祠于善山咸安, 至蒙宣額致祭之恩.

今上五年, 又贈之以崇秩, 錫之以美諡. 永川龍溪之祠, 亦先生之所俎豆, 而今又與梅月堂諸賢並享, 稱以六先生祠. 於是乎聖朝旌善勸忠之方, 殆無遺憾, 而先生之隱德微旨, 揭日星而光宇宙矣. 先生之遺稿, 佚於兵火, 先生之裔孫猶龍甫掇拾數篇, 兼以附錄編爲一册, 求文於不佞以弁之. 觀其色頗以篇什之寂寥爲恨. 不佞語之曰無傷也, 人之愛慕賢者也, 以必問長短肥瘦嗜好之心, 雖咳唾之末, 有不寶惜者乎? 有聲而無詞者, 詩經不遺, 況有詩而不多, 不足千古歉. 遂感歎良久, 謹書此以復之.

참고문헌

『論語』.
『書經』.

『魯陵志』.
『동국여지승람』.
『승정원일기』.
『藝文類聚』.
『一善志』.
『일성록』.
『조선왕조실록』.

권렴, 『厚庵集』.
권상하, 『淸臺先生文集』.
김종직, 『彝尊錄』.
송시열, 『宋子大全』.
이복원, 『雙溪遺稿』.
이상정, 『大山先生文集』.
이헌경, 『艮翁先生文集』.
이황, 『退溪言行錄』.
정제, 『南窓集』.
최현, 『訒齋先生文集』.
────, 『訒齋先生文集拾遺』.

김양선, 「月巖記蹟」.
諸葛亮, 「後出師表」.

강정화, 『거문고에 새긴 외금내고, 청도 탁영 김일손 종가』, 예문서원, 2015.

김용헌, 『야은 길재, 불사이군의 충절』, 예문서원, 2015.

월암서원복원추진위원회, 『월암서원지』, 2011.

조인영 편, 『생육신선생문집』, 민족문화사 영인본, 2000.

김경수, 「세조의 집권과 권력 변동」, 『백산학보』 제99호, 2014.

김영두, 「실록 편찬에 나타난 세조 정권의 정당성 추구」, 『한국사학사학보』 제27집, 2013.

윤대식, 「권력의 빛과 폭력의 그림자」, 『사회사상과 문화』 18권 4호, 2015.

윤정, 「18세기 단종제신 포장의 확대와 생육신의 성립」, 『역사문화연구』 제36집, 2010.

이구의, 「경은 이맹전의 시의 진위와 그의 시에 나타난 지향의식」, 『한국사상과 문화』 제72집, 한국사상문화학회, 2014.

정만조, 「숙종조 사육신 추숭과 서원제향」, 『한국학논총』 제33집, 2010.

최영성, 「야은 길재와 그 문생들의 도학사상」, 『한국학논집』 제45집, 2011.